ぬいぐるみのふくろうは「伝説の教師、フクザワソウセキ」が転生した姿であることを告げて……。

この本は、「花」と「ふっくん先生」の会話で進む教育書です。

楽しみながら、会話を読み進めていくうちに、学級経営と授業の方法、仕事術等を学ぶことができます。花は、初任者ですので、一年目をしっかりと乗り切りたい先生にはピッタリです。また、それ以外の方でも、基本をしっかりと確認しておきたい先生方に役立てていただけると思っています。

「基本ならいいや」「もうベテランだし、この本で言っていることはクリアしているだろう」と思われた方は、どうぞ、どこかの章を読んでいただければ幸いです。短時間で読めると思います。読んでいただくと、「そうか、ここは見落としていたな」「新しい気づきがあった」と感じていただけると思っています。そのような方は、おいくつであろうと伸びしろ豊かな方です。本書は、若手の方はもちろん、汎用的で新しい方法を紹介することで、そのようなベテランの方にも深く学んでいただけるように書きました。

また、花は三年生の担任の先生ですが、特に記している箇所以外は、全ての学年を対象にした指導法や考え方を紹介しています。

さあ、早速ページをめくり、花と一緒に、教育を巡る物語を紡いでいきましょう！

熱海康太

目次

1 何もかもうまくいかない

私は、花。今年、大学の教育学部を卒業して、県内の公立小学校に配属されました。両親が教師の、比較的よくあるタイプです。**教師の才能は、全くないと思っています**（分かりやすく話すの苦手だし。感情の振れ幅すごいし等々）。でも、子どもは大好きです。今は、三年生のクラスを担任しています。

憧れてなったはずの小学校の先生です。それなのに、どうしてこう、うまくいかないことばかりなんだろ。結構、クラスはガタガタです。しかも。今日も帰ったら、二十二時を過ぎちゃっています。せっかくの金曜日なのに。

まだ、着任して三か月だけど、私って、先生に向いてないのかな。夏休みに転職活動しようかな、なんちゃって……。

花　はあ～、疲れた！　もう限界だー。もうやめたいー、やめたいような気がするよー。

？？？　もう見ていられませんね。

花　！！

？？？　私です！

花　ギャー！！！！　誰かー！！　警察をー！！！

？？？　慌てないで。私ですよ。

花　ギャー！！！……って誰もいないわ。これは幻聴？　疲れ過ぎてのこと!?

？？？　私です。私です。私は……フクザワソウセキです。

花　うふふふふ。うふふふふふ。幻聴がきこえるわ。うふふふふ……。

　えっ！　ぬいぐるみのふくろうが、動いている！　ついに幻覚！　もう情報量多すぎ！！

？？？　尋常ではないですね。そうです、ペンダントをつけた身長三〇センチメートルくらいのかわいいふくろうのぬいぐるみの身体を借りたフクザワソウセキです。

花　あっ、本当だ。ペンダントをつけた身長三〇セ

ンチメートルくらいのかわいいふくろうのぬいぐるみが喋ってる！

……って、そんなことあるかーい！　ＦＢＩの仕業か、ＫＧＢか、はたまた……。

？？？　落ち着いてください。未だに私も、信じることができていないのです。ただ、ここ数日、様子を見ました。結論、死んだ私は、三日前から、このふくろうのぬいぐるみになってしまったようなのです。ちなみにぬいぐるみなので、飲食、入浴は必要ありません。

花　はいはーい、嘘でーす。そんなこと言って、たぶんストーカーの仕業でーす。マイクはどこ？　盗聴器はどこ？

？？？　まあまあ、現実をよく見てください。かわいいぬいぐるみのはずのふくろうが、何故かちゃんと動いて、話していますでしょう。

花　確かに……かわいい！

……いや、そんなことより本当に動いている！　えええっ！！

？？？　それに、私は、**生前は伝説の小学校教師と言われたフクザワソウセキです。**

ノウハウは、はっきりと覚えていますし、成仏できずにいたので最近の教育事情にも詳しいです。ですから、私がアドバイスすれば、花さんの教師人生はバラ色です！

花　ちょっ、情報量……え、あの昨年、亡くなられた伝説の小学校教師のフクザワソウセキ先生!?

いや、そんなうまい話が……。でも、バラ色って表現は確かに古いような……。

？？？　私がぬいぐるみに転生したのも、きっと花さんを助けるためでしょう。

花　「ぬいぐるみに転生」という非現実感！

とても信じがたいのですが。

？？？　分かりました。信じる信じないはとりあえず、置いておきましょう。疲れているでしょうから、私のお腹をモフモフしてもいいですよ。

花　いやいやいやいや……。この状況で、どうしてそうなる！

？？？　私のことはフクザワとふくろうに掛けて、「**ふっくん先生**」と気軽にお呼びください。

花　いやいやいや……。フクザワ先生は……。

ふっくん先生　いえ、親しみが湧くように、必ず「ふっくん先生」でお願いします！　そこは譲れませんよ！！

花　もう何がなんだか……。

ともあれ、私は、ふっくん先生の粘り強い説得により、とりあえずこの状況を信じてみることにしました。いや、信じると言うより、話を聴いてもらいたい、という気持ちが強かったのかもしれません。今は、誰かに（得体の知れないぬいぐるみでも）「分かるよ」「大変だね」と言ってもらいたいだけなのかもしれないです。

そうそう、この本を読んでいるそこのあなた。もしかして、私とおんなじように、うまくいっていないことがありますか？　……そっか、そっかぁ、あなたも大変だね。一緒に頑張ろうね。私、とても人のこと言ってる場合じゃないんだけど。

とりあえず、疲労による幻聴幻覚という説も捨てきれないので、私は一旦寝ることにします。
おやすみなさい。

ふっくん先生　はい、おやすみなさい！

花　ビクッ！（びっ、びっくりした。いつものくせで「おやすみ」って言っちゃったけど、ふっくん先生、いるんだった……）

2 そもそも子どもたちが話を聴かないんですが！

ふぅー、久しぶりに、まあまあよく眠れました。もう時間は、十時過ぎになっています。
それにしても、昨日の夢は、さすがにないよねー。

ふっくん先生　おや？　いい夢、見られましたか？
花　どわー、夢だけど、夢じゃなかったー。
ふっくん先生　朝から元気ですね！

また現実を受け入れるまでのあれやこれやがあって、私はついに小学校での悩みを話し始めたのです。

ふっくん先生　まず、何をお困りなのですか。
花　ええっと、困ってることは沢山あるんです。とりあえずは……**子どもたちが全然話を聴いてくれなくて。**
ふっくん先生　そうなのですね、花さん以外の他の先生が話している時の様子は、どうなのでしょう？
花　それが**隣のクラスの学年主任の先生が話している時は、よく聴いているん**です。

ふっくん先生　ということは、花さんの指導に何か原因が、ということでしょうか。

花　……うぅ。ううう。

ふっくん先生　いいえ、逆に考えれば、**指導さえ変えれば大いに状況改善の可能性がある**、ということですよ。

花　……そうかもしれないですけど。

ふっくん先生　本当に大変なクラスはスーパー先生が入っても、大変なことに変わりはありません。ですから、いつかそんなクラスを持つことがあったら、**できることとできないことのバランスを取って、メンタルの健康に留意する必要**があります。ただ、現時点ではそんなクラスを、初任者の花さんに任せることは珍しいです。

花　……う、ううう。うううう。もう立ち直れないかも。

ふっくん先生　大丈夫です。簡単なことなのです。子どもたちに「話を聴けるようになったら、態度で教えてください」と言えば、良いだけですよ。

花　え、どういうことですか？

ふっくん先生　**「話を聴けるようになったら、態度で教え**

話が聴けるようになった人は態度で教えてください。

てください」と言って、後は黙っていましょう。

花　そんなことを言っても、誰も態度で教えてくれないかもしれないじゃないですか。

ふっくん先生　**クラスで一人くらいは、わずかでも良くなる子がいるはず**です。その**ほんの少し、を認めます。背筋が伸びるとか、こちらを向くとか。**それを見逃さないようにすることですね。

花　……そんなことでいいんですか？

ふっくん先生　**「○○さん、背筋が伸びたね」「○○さん、こっちを向いてくれたね」と具体的に認めていきます。**少しずつそんな子たちの人数も増えていくはずですから、**アイコンタクトをして「ありがとう」と伝えればいいです。**配慮を要する子以外はだいたいこれで、静かになります。

花　でも、またすぐ、うるさくなっちゃう……と思います。

ふっくん先生　まあ、そうです。ですから、だんだん認める声を小さくしていくのです。そして、声が小さい状態で「この小さな声が聴こえる人？」と聞いて、**挙手した子を「よく聴いている証拠だね」と認めます。**更に大事なことが、その挙手に気づいて、**遅れて挙手した子に「今、気づけたよね。それがあなたの成長だよ！」と強く認める**ことなのです。

ここで、高学年の子どもは、認められても素直に喜ばないかもしれません。しかし、大人でもそうですが、**それでも認められることは信頼関係を構築する上でとても大切**です。

花　なるほど。ちょっと分かる気がします。ふっくん先生は、もしかして本当にフクザワソウセキ先生なんですか？

ふっくん先生　……もちろん、フクザワソウセキです。……なんだと思っていたのでしょうか。

花　今まではモノ言わぬ、かわいいふくろうのぬいぐるみだったから……。かなりイメージ変わっちゃいましたけど……。

うーん、でも、しつこいようですけど、私が子どもたちに話しているうちに勝手なおしゃべりが始まっちゃうのが心配です。

ふっくん先生　そういう時は、**急に一瞬黙る、というテクニック**があります。それで、**「話していい？」と小さく聴いて、また態度で示してくれた子を「ありがとう」と認める。**

そうすることを地道に繰り返すと、子どもたちは、話を聴く時には「口を閉じなくちゃいけない」と知ります。言葉で言わなくても伝わりますし、**むしろ言葉じゃないからこそ伝わる**とも言えます。

花　私、とにかく大きな声で「静かにしなさい」「口を閉じなさい」って、言っていました。正直、なかなか伝わらなかったです。

ふっくん先生　**子どもたちの声の大きさは担任の声の大きさに似る**、とも言われるぐらいです。ワンポイントの大きな声は必要ですが、**普段はむしろ落ち着いた少し低めの声で話す**のが良いと考えられています。

花　低めの声ですか？

ふっくん先生　それが**大人と子どもを良い意味で差別化**し、**教師としての言葉に繋がります。**男性は声変わりをするから分かりやすいですが、女性も声変わりはしていて、大人と子どもの声は大きく違います。だから、そこをしっかりと意識していくと良いです。

花　そうなんですね。もしかして言葉遣いもそうですか？

ふっくん先生　正にその通りです。私も、**言葉遣いを極力丁寧にして、子どもの呼び方も「○○さん」と呼んでいました。**その方が、教師も子どもも、**適切な距離感で接することができる**と感じます。

花　私は友だちのように話していたから……。

ふっくん先生　それなら、子どもたちも**心では、花さんを子どもだと勘違いして接している**、と予想できます。

花　本当にそうです。そうでした。本当にお友だち状態！　そっか、**学年主任の先生は大人で、私は子どもだと思われていたん**ですね。ううう、色々反省です……。トホホ。

ふっくん先生　反省ができるということが重要で、その当たり前と感じることすら難しい人はいます。花さんはしっかりとスタートラインに立てていますよ。「こうであるべき」と決めずにトライ&エラーで学んでいくことが大切ですよね。**教職は、子どもたちと一緒に成長することのできる素晴らしい仕事です。**

花　はい、ありがとうございます！

ふっくん先生　では花さん、カーテンを用意してください。

花　カーテン？

ふっくん先生　カーテンで仕切って私が集中して勉強できる空間をつくってほしいんです。

花　え！　転生してまで勉強するなんて大変！

ふっくん先生　いえ、勉強とは目的意識がはっきりしていれば、本来はとても楽しいものですよ。花さんも、これから楽しく学んでいきましょう。

花　はい、分かりました！

ふっくん先生と相談をして、布のカーテンで部屋を仕切り、ふっくん先生専用スペースを確保しました。あと、ふっくん先生が退屈にならないように、おもちゃを用意してあげました。

とにかく、明日、ふっくん先生から教わったことを試してみます！　久しぶりに、明日が楽しみかも！

☞ 指導のポイント

・子どもたちが、話を聴けない時は、**「態度で教えてください」**。

・**「小さな声が聞こえる人？」**の声かけや、**一瞬黙るテクニック**を使う。

・普段は、**落ち着いた少し低めの声**で、**丁寧な言葉**を使って、話す。

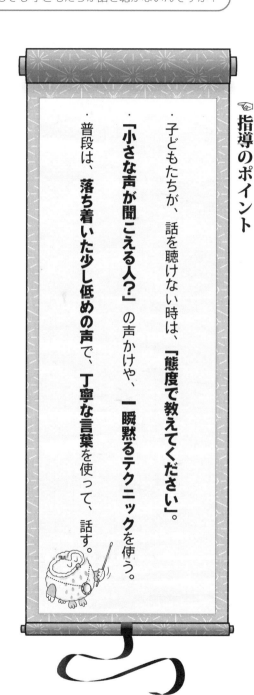

3 子どもたちに、何から伝えればいいの？

昨日、ふっくん先生と話したことで、子どもたちに話を聴かせる方法が理解できました。早速、今日、学校で試したみたところ、子どもたちは今までで一番私の話を聴いているようでした。嬉しい！　まだまだ、ふっくん先生が言っていたようにはできていないところはあるけど、これだけでも全体への指導がしやすくなりました！　ふっくん先生はもしかして本当に、伝説の先生なのかも……。

ふっくん先生　子どもたちが話を聴くようになって良かったですね。

花　ふっくん先生のおかげです。それにしても、ちょっとやりかたを変えただけで、子どもたちの反応が全然違って、びっくりしました。それにしても、大学ではこんなこと教わらなかったなぁ。

ふっくん先生　それは仕方のないことです。**大学は、学説や理論など抽象を学ぶ場所**です。教育実習などはありますが、**実践などで具体に落とすことは学生に任されている**ことが多いのですよ。ここに気がつかないと、現場で苦しむことになります。

花　正に、私です。でも、今からでも気づけて良かったです。

ふっくん先生　そうですね。現職になっても、研修はいくつかあります。「自分の教室の子どもたちだったら」「自分の力量だったら」と考え、自分で実践し、改善を繰り返し、初めて力になるのです。

花　**まずやってみる**、ってことですね。
　ふっくん先生の**話を聞いただけで分かったつもりにならないように、逆に「ふっくん先生だからできるでしょ」って思わず、とにかくやってみることにします。**これ、子どもの学びについても、同じことが言えるかもなぁ。
　ところで、ふっくん先生。子どもたちはだいぶ話を聴いてくれるようになったので、私、ちゃんとしたことを話したいです！
ふっくん先生　ちゃんとしたこと、ですか？
花　なんて言うか、朝の会とかでもあんまり必要のない話をしてる気がしたり、指導に一貫性がなかったり……。
ふっくん先生　なるほど、分かりました。では、私が**黄金の三日間**で子どもたちに話していることをお伝えしましょう。
花　黄金の三日間？
ふっくん先生　特に指導が入りやすいとされる**一学期の始業式からの三日間**のことです。ここで、**指導のスタンスやクラスのルールを明確にしておく**と、一年間の指導が円滑になりやすいのです。
花　とほほほほ。とほほほほほ。もう黄金、とっくに終わっちゃったー。
ふっくん先生　今からでも、しっかりと行うことは大切です。どんな先生でも見落としは必ずあります。もちろん、事前に手を打てることがベストですが、**教師が失敗に気づいた時も子どもたちの成長の大チャンス**ですよ。

花　そうなんですね！　よしっ、いつでも今日が吉日だ！

ふっくん先生　急に前向きで、素晴らしいです！

花　それで、まず何から話せばいいんですか？

ふっくん先生　最初に**「何のために学校に来ているのか？」を子どもたちに問いかけてみましょう。**

花　なんのために……ええっと、勉強かな。

ふっくん先生　そうですね。**学校は勉強をしに来るところ、学びに来るところ、ということが大前提**です。一人ひとりがしっかりと成長する場所であることを押さえましょう。

花　時には大変なこともあるけど、成長できれば、将来に役に立ちますもんね。

ふっくん先生　その通りです。では、花さん、ここからが重要ですが、学校には何を学びに来るのでしょう。

花　え、えっと、だから勉強ですか？　国語とか、算数とか。

ふっくん先生　花さんが言う勉強と言うのは、**教科等の学習**のことですね。それも大切な一つです。しかし、同じくらい重要なことがもう一つあります。

花　うーん。

ふっくん先生　家と学校との違いはなんでしょう？

花　家よりも学校はたくさん人がいる！

ふっくん先生　そうです。また、学校は家と違って、自分のことをよく知ってくれている人ばかりではありません。その中でも、**上手に人間関係を築いていくスキルを磨く**こと、これがもう一つの学校に来ている意味です。

花　なるほど、**「何のために学校に来ているのか？」の答えは、「教科等を学ぶ」「みんなと仲良くできる、を学ぶ」ということ**ですね。

ふっくん先生　素晴らしい！　花さんは、聞いたことを自分の言葉にするのが上手ですね。

花　えっへん！

ふっくん先生　子どもたちの中には「諦めない心を学ぶ」「心を育てる」などと話す子もいると思います。それらも「教科等を学ぶ」「みんなと仲良くできる、を学ぶ」から繋がっていくものだと私は思っています。

花　なるほど、納得です。**この二つを頑張ることで、総合的な成長に繋がる**んですね。

このことを初めに押さえておくと具体的にはどんないいことがあるんですか？

ふっくん先生　例えば、**「勉強なんてやらなくていいんだよ」「友だちは叩いていい」**などと言う子

教科等を学ぶ　　みんなと仲良くできる，を学ぶ

が出てきた時には、この「何のために学校に来るか?」に戻ることができます。むしろ、子どもたちから挙がるトラブルのほとんどは、ここに戻ることで確認を行うことができます。**指導がよりシンプルになり、子どもたちにも指導内容が入っていきやすくなる**でしょう。

花　高学年の子たちにも、使えますか?

ふっくん先生　言葉を選ぶ必要はありますが、同じ意味のことを伝えていました。どの学年の指導にも、**「学校はこういう場所だから、こうしなさい」ではなく、「自分の成長のために、この二つは頑張っていくといいいんじゃないかな」という伝え方が大切**です。

花　**教科等を学んで、みんなと仲良くすることで、自分の成長に繋がる……**。今までは、何となく、学校に来れば、成長できるという感じだったけど、二つの言葉にまとまると分かりやすいです!

ふっくん先生　**様々なことを、言葉を使って分かりやすくシンプルにまとめてあげることも、教師の大切な役割**です。

花　そんなこと、今まで意識したこともなかったです。少しずつやっていきます。

ふっくん先生　意識しているのと、そうでないのとでは大違いですからね。少しずつやっていきましょう。

花　分かりました。他にも、これは、最初に言っておいた方がいいことはありますか?

ふっくん先生　そうですね、根本の部分ということなら**「先生が怒ること」について**でしょうか。

花　怒る……。ええっと、叱るってことですか?

ふっくん先生　叱ると怒るの違いは、感情的になっているかどうか、という部分ですが、**感情を露わに**

しても先生が怒る時を明確に子どもたちに示しておくと、後々納得感が得られやすいです。

花　そうなんですね。これもバラバラ伝えるのではなく、短い言葉がいいですよね？

ふっくん先生　その通りです。私は、三つの言葉で伝えていました。**「危険」「ずるい」「失礼」の三つ**です。

このような時には、先生は強く伝えることもある、と先に言っておきます。当然、理由も述べます。後で、この三つの言葉をクラスに掲示をしておいてもいいかもしれません。

もちろん、この考えはそれぞれの先生によって違うでしょう。重要なことは、**教師が怒ることとその理由について、初めに明確に示しておくこと**です。

花　確かに**初めに話して、クラスにも掲示があるなら、怒られたとしても仕方ないと思える**かも。

ふっくん先生　逆に言えば、**それ以外のことは、感情的にならず、冷静に諭す**、ということです。

花　それがちゃんとできるかなぁ、でも**クラスに貼っておくことで、自分への戒めにもなる**かもです。

ふっくん先生　それでも怒ってしまうことも、教師も人間ですから、ないとは言えないです。そんな時には、後からでも素直に謝ることです。**相手が子どもであろうと一人の人間として尊重して接するこ**とで、思いは届くはずです。指導技術も大切ですが、まずそれが根底にあることが重要であると考えています。

花　そうですね。できれば、怒らず過ごしたいけど、ずっとそういう訳にもいかないですからね。

ふっくん先生　**教師の仕事は「一日の中に、喜怒哀楽がある」**と言われています。でも、私は、それがとても人間らしくて好きです。花さんもそう思いませんか？

花　そうですね。毎日、いろんな気持ちで過ごすことは、私に合っている気がします！

ふっくん先生　喜びや楽しみだけではなく、**自分が怒ることや悲しむことをも客観的に楽しむことができれば、無敵**ですよ。

花　いやいや、まだ、そこまでの境地にはとてもなれないです……。でもそう考えると、ネガティブなことも少しは楽に考えられそうな気がします。とにかく、明日、子どもたちに**「何のために学校に来ているのか」「先生が怒ること」**について話してみます。

今日も有意義な話を、ふっくん先生から聞くことができました。また明日を楽しみに眠ることができます。

それと、一日の終わりに悲しさや怒りを感じることがあっても、ふっくん先生の言うように少しでもポジティブに感じることができたら素敵だな、という気持ちも生まれました。

ふっくん先生は、もう目を閉じて（ぬいぐるみなのに！）寝ています。今更だけど、やっぱりこれは現実なんですね。でも、今は、ふっくん先生が来てくれて（ぬいぐるみに憑依してくれて）感謝しています。

☞指導のポイント

・初めに**「何のために学校に来ているのか」**を子どもたちに問う。

・学校に来ている理由は、**「教科等を学ぶ」「みんなと仲良くできる、を学ぶ」。**

・教師が**怒る時を明確にする。**（例：「危険」「ずるい」「失礼」）

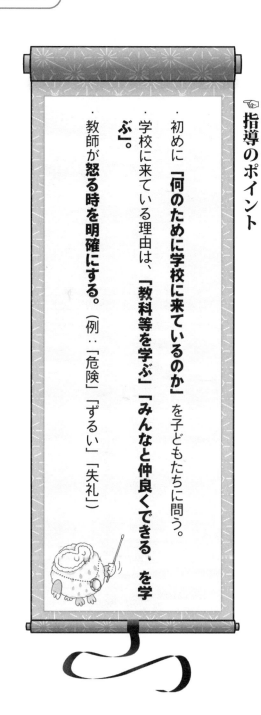

4 休み時間、子ども同士のトラブル発生！

次の日、「初めに伝えるべきこと」を無事に子どもたちと話すことができた私ですが……。

花　とほほほほ、とほほほほほほほ……。

ふっくん先生　今日は、漫画みたいな落ち込み方ですね。まあ、今日に限らず、少し大きめの反応の多い花さんですが。一体、どうしたんですか？

花　それを、漫画みたいに喋るぬいぐるみに言われるとは思わなかったです。それはいいとして、とほほほほ。子どもたちに、昨日ふっくん先生から聴いた「初めに伝えるべきこと」を言えたまでは良かったんですけど、その後の**休み時間に喧嘩が起きちゃって、授業が潰れちゃったん**です。

ふっくん先生　それで、とほほほほ、と言っていたんですね。どんな状況だったのか、詳しく教えてください。

花　今日も、聞いてくれますか？

ふっくん先生　もちろんです。そのために、私はいるのですよ。

花　神様、仏様、ふっくん先生様！

ふっくん先生　やはり、おおげさですね。本当に悩んでいるのでしょうか……。

花　えへへ。でも悩んでいるのは本当です。

今日の休み時間に、「悪口を言った」とかで、二人の男子が喧嘩になっちゃったんです。それが休み時間が終わるくらいに分かって、一人は泣いているしで、なかなか話が聞けずに、解決に一時間もかかってしまったんです。

ふっくん先生　その間、他の子どもたちはどうしていたんですか？

花　始めは、ずっとザワザワしている感じで、その後はあまりにもうるさくなったので、漢字練習を指示しました。それでも、教室全体が落ち着かない感じでした。

ふっくん先生　それは当然でしょうね。**何も指示のない状態や、どのように学習するのか明確でない状態では場が乱れてしまうのは当たり前**です。逆に、第二の喧嘩が起きなくて幸運だったとも言えるかもしれません。

花　そうですよね……。

ふっくん先生　事前に子どもたちには**「先生が急な用事で授業ができない時は、どうする？」ということを考えさせておく**必要があります。

まず、子どもたちには、先生がいなくても学習できることを挙げてもらいます。具体的には、**教科書の黙読、ノートに漢字練習や計算練習、教科書の視写、問題を自分で作る、今日の学習の予習など**です。これを言葉でまとめると**「自主勉強」**と呼ばせていることもありました。

花　これを考えさせるだけで、子どもたちは自分で勉強できるようになるんですか？

ふっくん先生　いえ、**それだけでできる子はクラスの二、三人でしょう。ですが、この二、三人が重要です。**この自主勉強について話した次の時間に、**わざと少しだけ遅れて教室に行く**のです。そうすると、二、三人くらいは前の時間の話を覚えていて教科書を読んでいるはずです。**その子たちをしっかりと認めると次の時間は五人、その次の時間は七人と少しずつ増えていきます。**自主勉強をできる子たちの人数が過半数を越えたら、一気に先生がいなくても学習のできる雰囲気になります。

花　なるほど、地道にできるようになるまで見守るんですね。**最初から全員ができなくても、行うべきことをクラスのしっかりものの何人かが「知っている」ところから始める**ことが大切だと分かりました。

ふっくん先生　指導が難しいクラスほど、この地道な指導が大切になります。ただ、今回の喧嘩の仲裁については、授業の時間を使うのは考えものです。

花　確かに、今考えるとそう思います。ただ、男の子も泣いていたので……。

ふっくん先生　**逆に泣いている時や、怒っている時にはその感情が落ち着くまではなかなか冷静に話はできないもの**です。むしろ、時間を置いてあげる方がいいかもしれません。クールダウンできる**囲いのようなものが教室の後ろの角などにあると良い**です。これは、**クラスに二人はいると言われるADHDなどの発達障がいを持つ児童にとっても、安心できる空間**となります。

花　この前に教えてもらったカーテンですね。確かに、この仕切りのカーテンがあると安心感があるのはとても分かります。

ふっくん先生　感情が乱れてしまった子は、そこでクールダウンして次の休み時間に話を聴いてあげるのが良いでしょう。そうでないと、**関係のない多くの子の学習できる時間を奪う**ことになってしまいます。

花　関係ない子の時間を奪うことを続けていくと、**クラス全体の不満**も溜まりそう……。

ふっくん先生　そうなのです。ただ、**同じような喧嘩が多く起きていたり、子どもの成長過程において重要な場面だったりという判断をした時には、むしろ全体の前で解決させることも選択肢として持っておきたい**です。

低学年の場合は、初めの方に起きるいくつかの喧嘩は全体の前で取り上げることをしていました。そうすることで、全員が喧嘩をしてしまった時の在り方や仲直りの方法、傍観者でいないことなどを学ぶことができるからです。

花　今度から個別で対応するか、全体で扱うかは、はっきりしたいと思います。次の休み時間に、二人の話を聴く時、何か良いコツはありますか。

ふっくん先生　**まずは喧嘩した二人というよりは、周りで見ていた子に話を聴くのが良い**でしょう。客観的な事実を固めてから話を聴く方が、指導がブレずに済みます。その後は、一人ひとり言いたいことを聴きます。ここでは、**相手の子に口を挟ませないことが大切です。「あなたのことも後で、しっかりと聴くから、まずは黙って聴きましょう」と伝えます。**

花　それぞれに話させるんですね。今は、喧嘩をしてしまった同士が同じ場所にいるような設定ですが、本当は**一人ひとり個別で話を聴いた方がいいですか？**

ふっくん先生　もちろん、**それがベスト**です。**高学年の指導や低学年でも力関係がはっきりしている場**

合は、そのようにしないとなかなか本音を語ることはできないです。同じように見ていた子も**一人ひとり聴くことがベスト**です。

花　使える時間も限られているから、判断は難しいけど、慎重になるに越したことはないですね。事実が分かったら、話をどのようにまとめればいいですか。

ふっくん先生　基本は、**「気持ちの受容」「事実の確認」「どうするか話させる（行動の提案）」**でまとめます。

花　**まずは「あなたが叩いてしまうくらい悔しかった気持ちは分かるよ。先生でもそんな気持ちになってしまうかも」と気持ちを受け止める**んですね。

ふっくん先生　そうです。この**気持ちの受容が何より大切**です。ここに一番時間を掛けるべきで、ここがうまくいかないと次の指導がうまくいかなかったり、不満を残したりします。そして、その後、**「相手の子は鼻血を出して泣いてしまっていたね」と事実の確認**をします。ここで**「その行動はまずかったね」**などとは言わなくても、**多くの子は分かっているので、あえて助言は伝えず、ど**

トラブル時の指導は『気持ちの受容』が大切

うするか話させることで、自分で次の行動を決めさせます。どうしても頑なな場合は、今の行動のデメリットを伝えて行動の提案をします。

花　無理に謝らせることはしないということですか？

ふっくん先生　そうです。**「ごめんね」「いいよ」には、あまり意味がありません。**ただ、次同じことが起きないようにはしたいので**「暴力で解決しない」や「一週間はなるべく距離を取って生活する」などの約束はさせた方が良い**でしょう。

花　**形式的なことよりも、今ある状況を少しでも良くするために調整をする**、ということですね。

ふっくん先生　子どもたちの中には、謝ることで、適当にその場を乗り切ろうとする子もいます。その場合には、**「その『ごめんね』は相手のため？　自分のため？」**と教師が迫ることもあります。

花　厳しいですね……、その指導は信頼関係や技術が必要そうです。でも確かに、低学年の子の「ごめんね」「いいよ」のやり取りを見ていると「本当にいいの？　良くないでしょー」と言いたくなります。この辺りは、帰りの会とかの話題にしてもいいかも。

ふっくん先生　それは、ナイスアイディアです！　**「『いいよ』に代わる言葉を考えよう」などと子どもたちに投げかけて考えさせる**のも一つの方法ですね。

花　やった！　私って、すごい！　ＳＴＨ！　すごい、ティーチャー、花！

ふっくん先生　ところで喧嘩の指導には、外してはならない大切なことがあります。

花　最後は仲直りをさせるとか？

ふっくん先生　それでは「ごめんね」「いいよ」に戻ってしまいます。花さん、まだまだ修行が足りませんね！

花　またもやＳＴＨ！　失敗、ティーチャー、花！

ふっくん先生　それは**両者にアドバイスをする**ということです。

例えば、叩かれた子にも指導をします。トラブルになる場合には、比率は違えど、お互い改善すべき何かがあります。これは**いじめられる方も悪い、という話ではなく、できるだけ今の状況を回避できる方法を考えた方が良いんじゃないかという提案をする**ということです。**お互いが良くなるために、一方だけではなく必ず両者にアドバイスをする**ということです。

花　確かに、トラブルにあいやすい子とそうでない子はいますよね。

ふっくん先生　どんな要素があって、そうなっているのか整理してあげることで、次回に生かせると良いですね。

花　**「気持ちの受容」「事実の確認」「どうするか話させる（行動の提案）」を両者に行う**んですね！

喧嘩の解決の仕方について、何となく、理解できた気がします。もちろん、色々なケースがあるし、デリケートなことも多いと思うので、教わったことを基本に、柔軟に考えていきたいと思いました。

と、考えごとをしていたら、ふっくん先生、またもう寝てます。ふくろうなのに、夜によく寝ているのは、不思議です。まあ、元はフクザワソウセキ先生で人間だから、当然と言えば当然かもしれません。

身長三〇センチ、横幅三〇センチのふっくらボディが、呼吸の度に大きく上下しているのは、ぬいぐるみだとは思えません。胸のペンダントは結構素敵です。いろいろ、謎だけど、ふっくん先生、今日もありがとうございました！

指導のポイント

・休み時間の喧嘩は、基本は、クールダウンさせて**次の休み時間に対応**。

・事情は、見ていた子も含め、できれば**一人ずつ聴く**。

・**「気持ちの受容」「事実の確認」「どうするか話させる（行動の提案）」**で、話をまとめていく。

・喧嘩は、**両者にアドバイスをする**。

5 休み時間後、なかなか座らず、授業が始められないのですが

今日こそ、イケる！　と思っていたんです……。

花　とほほほほ、とほほほほほほほほ……。

ふっくん先生　あれ、昨日と一緒で漫画みたいな落ち込み方ですね。

花　ふっくん先生も相変わらず、漫画みたいですね……あははは……。とほほほほほ、とほほほほほほほ……。

ふっくん先生　ええっと、話を聴かせてもらってもいいですか？

花　いいんですか？

ふっくん先生　ええ、神様、仏様、ふっくん先生様、なので。

花　言おうと思ってたのに！　先に言われた！　ＳＴＨ！

ふっくん先生　今度こそ本当は落ち込んでない、ということでいいですね。では、おやすみなさい。

花　いやいや、待ってください。落ち込んでいるのは本当なんです。今日も授業の時間が潰れてしまいました……。

ふっくん先生　今日もですか。一体何があったのでしょうか？

花　休み時間なんかは、少しのトラブルがあっても、この前の話を思い出して、落ち着いて対応できたんです。でも、休み時間が終わって、**チャイムが鳴ってもなかなか着席できない子が何人かいて**、結局、「座りなさい！」とか「準備をしなさい！」なんてことをやっていたら、**平気で十五分くらい時間が過ぎてしまっていた**んです。

ふっくん先生　ということは、その間、きちんとしていた子は……。

花　その前に自主勉強の話をしていたので、何人かの子は自分で学んでいて、そこを認めることはできました。でも、やっぱり、**きちんとしている子が損をする感じ**になってしまいました。

ふっくん先生　なるほど、ただそこで自主勉強の子を認めることができたのは花さんの成長ですね。花さんの成長と共に、クラスにも頑張る力がついています。**ゴールは、先生がいなくても学べるクラスです。**

とは言っても、今はまだまだ教師がしっかりと指導をしなければいけない時期です。今の段階では、昨日と同じく、しっかりしている子ほど不満を持ってしまうかもしれません。

花　そうだと思います。ただ、喧嘩の時のように、時間を置いても、ダメだろうし……。休み時間に寄り添って、せめて準備だけでも手伝ってあげれば良かったかな。

ふっくん先生　**状況によってそのような支援も必要にはなってきます。そもそも準備の仕方をきちんと知らないという可能性**もありますからね。クラス全体で、**次の時間の準備は、前の時間が終わってすぐやるように習慣づける**のも良いでしょう。

ただ、それでも遊びに夢中で遅れてしまう子はいます。私は基本的には、**遅れる子は待ちません。**

花　そのままチャイムで授業を始めてしまうということですか？　大丈夫かな……。

ふっくん先生　やはり、真面目に頑張る子が報われるクラスシステムである必要があります。逆に、**真面目な子が損をする仕組みであれば、クラスは少しずつ崩れていってしまうのは必然**でしょう。

花　それはそうだと思いますけど。

でも、例えば、座っている子がクラスの半分しかいなくても、いや極端なことを言えば四、五人でも授業を始めていいんですか？

ふっくん先生　はい、それでも授業を始めてください。

花　他の子たちは……。もしかして、ほったらかし？

ふっくん先生　いえ、もちろん、その子たちがしっかりと気づくことができるような仕掛けを用意しておきます。私は、**常時活動を授業の初めにする**ことにしています。

花　常時活動、って何ですか？

ふっくん先生　**常時活動とは、名前の通り授業で毎回行う、五分間くらいの活動のこと**です。この常時活動は、**「全員参加ができる」、「楽しい活動である」、「どんどん進められる」ものを選ぶことが理想**です。

花　例えば、どんな活動がありますか？

ふっくん先生　国語であれば、「あ」から始まる言葉を集める活動や、算数なら百玉そろばんと言って、大きなそろばんの動きに合わせて、「一、二、三……」と数えていくものがあります。

花　ほうほう。

ふっくん先生　**百玉そろばんは、低学年の先生であれば、覚えておいて損はない**です。**一から百まで数えたり、二飛び、五飛びで数えたりする**ことで**数の感覚を養う**ことができます。視覚的にも分かりやすいですし、パチンパチンと良い音がします。**その音に合わせて大きな声を出す活動を小さい子たちは大好き**です。**超高速で数を読んだり、目をつぶって音の数を当てたりするゲーム**は、とても盛り上がります。調べてみると良いでしょう。まだ着席していない子たちが、百玉の音や他の友だちが元気に数を読む声を聞いて、あわてて着席する姿が、目に浮かびます。

花　そうなんですね。確かにみんなで大きな声を出す活動なら、遅れて廊下にいるとしても声が聞こえてきて、気づくことができますね。楽しい活動だから、急いで席に戻りたくなるかも。

ふっくん先生　**百玉そろばんは、数の感覚を作る意味でも、そのようにクラスを作る意味でも、低学年の算数には重要なアイテム**です。教材として購入できるチャンスがあったら、是非、教室に置いておきたいです。ただ、私が今まで行った学校では、意外と教材室に埃を被ったまま置いてある、なんてことがありました。探してみると良いかもしれません。

花　あったような、なかったような……。とりあえず教材室をチェックしてみます。

ふっくん先生　**学校の教材室や準備室は、宝の山**です。百玉そろばんもそうですが、単元を有効に進められる掲示資料や、学校の昔の写真、珍しい標本など、花さんの指導の武器になるものが沢山あります。探検がてら、見てみると掘り出し物があるかもしれませんね。

花　子どもの頃は、理科準備室に入りたくて仕方なかったもんなぁ。子ども心を忘れていました！　明日、探検してきます！

ふっくん先生　是非、良いものがあったら教えてください。ところで、国語の「あ」から始まる言葉を集める常時活動にも、子どもたちが着席できる秘密があります。

花　国語の活動でも、子どもたちは着席できるんですか？大きな声は出さなそうだけど……。

ふっくん先生　**「あ」から始まる言葉を一分間で、できるだけ多くノートに書き出して、その後に発表するというシンプルな活動**です。これは、どんなに学習の支援が必要な子でも一つくらいは考えることができるでしょう。そして、勉強が好きな子は、どんどんと数を増やしていくことができます。一分間で二十以上書く子も出てきます。

花　すごい！　私もやってみよう！　アイス、飴、アーモンドチョコレート、青のり、あまぐり、あまなっとう、アメリカンドッグ、あんこ、油揚げ、あんきも……。

ふっくん先生　……よく食べ物ばかり思いつきますね。食べ物じゃなくてもいいんですよ。

花　あられ、アセロラ、あかかぶ、安納芋、アンデスポテ

『あ』を集める常時活動

ト、粗挽きハンバーグ、アユの塩焼き、厚焼きたまご、足利しゅうまい、厚木シロコロホルモン、青森ショウガ味噌おでん、青森シャモロック……。

あれ、でも、確かに楽し過ぎるけど、どうしてこれが着席に繋がるんですか？

ふっくん先生　花さんのように、どんどん言葉を見つけることが楽しくなると、時間が一分間では足りないと思いませんか？

花　確かにまだまだいっぱい言えます。アンデス高原豚、揚げゆばまんじゅう、アイス京都辻利ロイヤル抹茶ミルク、ええっと、ええと。

ふっくん先生　花さんは、もう考えなくても大丈夫です。花さんのようにたくさん考えたくて、一分間よりも多くやりたいと思った子はいつやるでしょうか？

花　あっ、そうか、休み時間！

ふっくん先生　その通りです。**授業が始まる前の時間に始める子**が出てきます。**「あ」「い」と続けていけば、次の日は「う」から始まる言葉**だと分かりますよね。そのように、休み時間から取り組んでいる子を見つけたら、すかさず**「すごい、もう五個も書いている！」と認めます。**そうすると、「やっていいんですか？」と言う声が挙がるので「もちろん！　前は三十個書いている子がいた」などと言うと、クラスのやんちゃな子も挑戦する姿が見られるようになります。そうなれば、もう教室は、**チャイムが鳴る前から、学習の雰囲気が出来上がっている**、というわけです。

花　どの学年でも試せそう！　むしろ、言葉をたくさん知っている方が楽しめそう。

ふっくん先生　そうですね。花さんのように知らない食べ物を言われると少々困りますが、それも含めて認めていくことが大切で、何より楽しいですよ。

花　常時活動すごいです！　早速やってみたくなりました。他にはどんなものがあるんですか。

ふっくん先生　**国語……知っている漢字をひたすら書く、算数……日付が答えになるように立式（十五日なら3×5、8＋7、1125÷75など）、社会……資料で無限しりとり、理科……生きもののイラスト選手権、音楽……奥様の裏声まねっこ大賞、体育……感覚づくりの運動（マット運動なら、手押し車競争など）**、様々考えられますね。

花　どれも楽しそうだけど、**教科の力もちゃんとつきそう！**

ふっくん先生　**毎回繰り返しやることで、力がついていく**ことも常時活動の良さです。

花　早速、取り入れてみます！

ふっくん先生　やっていくと、クラスの実態に合わせた常時活動も自分で考えられるようになりますよ。

私も常時活動をやってみたくなり、明日、子どもたちに投げかける活動を考えてみることにしました。やっぱり、「あ」を集める活動は、すぐに実践できそうな感じがします。

そんなこんなで考えていたら……「スヤスヤ、スヤスヤ……」ふっくん先生寝ています。ふっくん先生、夜は早いタイプですね。そう言えば、前に**「仕事は本来、朝型が最も効率がいいんですよ」**なんて言ってたな。私も朝型にチャレンジしてみようかな。相変わらず寝つきが良いのが羨ましいです。

ふっくん先生　「むにゃむにゃ、成仏……むにゃむにゃ」

え！　えっと、何だか聞いちゃいけないようなことを、聞いちゃったような……。

うーんと……とりあえず「おやすみなさい」

ふっくん先生　「むにゃむにゃ、おやすみ……むにゃ……成仏……」

指導のポイント

・遅れる子は、**待たない。**

・**授業の最初に常時活動を行う**ことで、スムーズに学びの雰囲気になる。

・「あ」を集める常時活動は、どの学年でも取り組みやすい。

6 衝撃！叱ること、褒めることって、良くないの？

昨日から、とても気になっていることがあります。ふっくん先生の「成仏」の件です。何だかデリケートな問題（？）なので、話していいのか悩みましたが、ずっとこのままってわけにもいかないと思うので、思い切って聞いてみます。

花　ふっくん先生、成仏したいんですか？

ふっくん先生　えっ……あの、ええっと……、すごくストレートに聞きますね。その前に言いにくそうにしていたのは、一体。……ええ、そうですね、私は成仏を……しなければならないような気がしています。

花　やっぱり！　こうしたら成仏ができる、とかあるんですか？

ふっくん先生　よく分からないのです。ただ、もしかしたらですが、花さんが立派な先生になれたら……ということかもしれません。

花　ええええ！

ふっくん先生　おそらく、私をこの世に残す未練は、後進の育成ができなかったことだと思います。ですから、それが解消できれば、無事成仏できるのではないか、とも考えています。

花　ふっくん先生に、特に縁もない私が何故選ばれたのか、という疑問はありますが、すごくラッキーなのかもしれません。ただ、私が立派な先生になれるかどうかは……。

いや！　自信を持つのよ、花！　ネバギバ、花！

ふっくん先生　その意気です。一緒に頑張りましょう！　ところで、今日は昨日のように、とほほほ、と言っていませんね。

花　うふふふふふ、うふふふふふ。

ふっくん先生　いいことがあったのでしょうか？

花　今日は良いことがたくさんありましたよ！　国語や算数の常時活動もスタートできたし、クラスが安定しているように感じました！

ふっくん先生　それは良かったです！

花　それに子どもたちをいっぱい、褒めることができました。やっぱり、褒めることができると、子どもたちも私も気分がいいんです。

ふっくん先生　なるほど。では、花さんは子どもたちをどのように褒めていますか？

花　「〇〇さん、これができてすごいですね」とか「〇〇さん、姿勢が良くて立派です」みたいな感じです。

ふっくん先生　そうなのですね。気持ちはとても分かるのですが、それは少々危険かもしれないですね。

花　え、褒めることはダメなんですか？

ふっくん先生　少なくともオーストリア出身の心理学者アレフレッド・アドラーはそう言っています。

花　アドラーって、あの「嫌われる勇気」で有名な人ですね。

ふっくん先生　**アドラーは、人間の教育においての叱る、褒めるを明確に否定しています。**

花　えええっと、整理させてください。まず、怒るではなく、叱るがダメなんですか。

ふっくん先生　そうです。当然、感情をぶつけて怒るということばかりの指導では良くないことは分かると思います。しかし、**アドラーは冷静に諭すような「叱る」についても否定している**のです。

花　何故なんでしょうか。

ふっくん先生　何故なら、**叱らないとやらない子を育ててしまう**からです。

花　あっ。確かに**「叱られるからやる」でやっている子は、叱る人がいなくなったらやらない**かもしれないです。

ふっくん先生　その通りです。怒ることは当然として、叱ることでも子どもたちは確実に教師から圧力を感じます。そのように**圧力に任せた指導をする度に子どもたちの主体性を成長させる機会は奪われている**と考えるべきです。

花　……確かに言っていることは理解できます。でも、叱らないんじゃ子どもが間違っていることをしている時にはどうすればいいんですか？

ふっくん先生　まず、その「間違っている」という考えも見直す必要があります。子どもにとっては、その行動が正解かもしれませんし、価値観の異なる場所に行けば大人の世界でも花さんの考えが多数派ではないということはよくあることです。ですから、**「正しい、間違っている」という価値観をぶつけて叱るのではなく、その行動を選ぶことの「メリット、デメリット」を示してあげる**ことです。

　また、それとは真逆の行動のメリット、デメリットも示していきます。

花　そうか、それで子どもが自分で行動を選択できるようにするんですね。

ふっくん先生　もちろん、この指導方法で終始させるのはとても難しいことです。**どうしても、怒ったり、叱ったりということは出てきてしまうことは仕方のないこと**です。ただ、**何回かに一回でも、「メリット、デメリット」の指導を意識することは、子どもたちの将来の成長に繋がっていく**のではないかと考えています。

花　そうですね、できるだけ子どもが自分で選んで、その結果が本当に自分のものになるようにしてあげたい、です。

ふっくん先生　正に、**子どもに選ばせる指導とは、行動にしっかりと責任を持たせる指導**になります。

花　できるだけそうなるように、意識していきたいです。

　ところで、怒る叱るは、イメージ的にも子どもの成長に良くなさそうな感じはしていました。でも、褒める、はどうですか。「褒めて伸ばす」という言葉もよく聞く気がしますし。褒めるは、本当に良いイメージしかありません。

ふっくん先生　確かに、褒めることが良くないという印象はありませんよね。しかし、これも「叱る」と同じ欠点があるのです。**褒められなければ、何もやらない子を育ててしまう**のです。やらないだけではなく、**根拠のない自信でプライドだけは高く、自分からは何も動けない人を育ててしまう危険**があります。

花　褒めなければできない……。本質は、叱ると同じか……。うーん、でも……。

ふっくん先生　更に「褒める」は「叱る」よりも害悪になることもあります。褒められることを嫌う人はほとんどいないでしょう。ですから、**「もっと、もっと褒めて」となる。**それを続けられて育ってしまうと、褒めてくれない人に出会うと「何で褒めてくれないの！　褒められて当然のはずなのに！」と相手をむやみに憎むことにも繋がってきます。

花　何だか良くない薬みたい……。

ふっくん先生　言い方が適切かは置いておいて、私もそんなイメージを持っています。

花　でもでも、本当に子どもを褒めなくていいんでしょうか。子どもたちが成長に繋がる行動をしたら、褒めてあげたくなっちゃいます。それにやはり集団生活上、指摘しなくてはならないことも。

ふっくん先生　そういう時には、**Iメッセージで伝える**ことが良いそうです。**Iメッセージとは、「私は……」で始まる言葉かけのことです。「私はあなたの努力が実って嬉しい」や「私はあなたの行動が素敵だと思うよ」「私はそんなことされると悲しい」など**です。

花　上から「正しいから偉いぞ」「やめなさい」ではなくて、何かこう親友から言われているみたいな。

ふっくん先生　そうです、**上下関係を作らないことが大切**なのです。上からになってしまうと、それは圧力のある指導になってしまいますので。**親友に語りかけるくらいの雰囲気で良い**のだとアドラーも言っています。

花　そうなんですね。上から子どもたちに話しているつもりはなかったけど、知らず知らずのうちにそうなっていたかもしれないです。

ふっくん先生　まずそこに気がつくことが大切です。私が思う**ポジティブなIメッセージのお勧めは「あ**

りがとう（私は有難いと思っている）」です。「ありがとう」を意識することで、改めて、子どもたちの存在の有難さを感じることができます。

花　「ありがとう」か。そういえば、あまり言っていなかった気がします。でも、よくよく考えれば、まず、学校に来て、私の話を聴いてくれるだけでも「ありがとう」ですもんね。

ふっくん先生　そこまで考えることができたら素晴らしいです。子どもたちには「当たり前」の反対が「ありがとう」だよ、という話もします。よく考えたら「当たり前」のことなんて、ほとんどないのです。この日常は多くの知らない誰かの努力でできていて、本当は一つひとつが有難い。そう思えたら、何だか幸せな気持ちになりませんか？

花　本当にそうですね！　前に京都のお寺に言った時に知足知恩（足るを知る、恩を知る）と書かれていたけど、その価値観にも似ていますね。とにかく「ありがとう」をもっともっと子どもたちに

『一つひとつのことが有難い＝ありがとう』

も使っていきたいです。ふっくん先生、ありがとうございます！

ふっくん先生　どういたしまして。

ただ、アドラーの考えとは違うのですが、私は、**例外で一つだけ、褒めるべき場面がある**と思っています。

花　どんな場面でしょうか？

ふっくん先生　**子どもの心が風邪を引いている時**です。色々なことがあり、落ち込んでいたり、自信を持つことができなかったりする時には、褒めの処方箋も必要になってくると考えます。ただし、あくまで、それはきっかけとして、心が健やかになったらIメッセージに移行すべきだと考えます。

花　なるほど、「私は」とても勉強になりました。

ふっくん先生　「私は」を強調しすぎると、微妙になるんですね。人によっては嫌味に取られる可能性も……。

花　失礼しました。とにかく、**叱るを、メリット、デメリットの提示に。褒めるを、Iメッセージにして**、子どもたちに届けてみます。そして、**ありがとう、が大切**ですよね。

ふっくん先生　そうですね、私の話をしっかり理解してくれて、「私は」嬉しいです。

花　ふっくん先生、変な日本語になる可能性があるので気持ちはそのままに、「私」を省略した方がいいケースがあることに、「私は」結構、前から気づいていますよ！

それにしても、ふっくん先生と、伝説の教師フクザワソウセキ先生と話せるこの状況って、全然「当たり前」じゃないですよね。すごく有難いっていうか、あり得ないというか……。とにかく、ありがとうございます！

☞指導のポイント

・**「叱る」**を、**メリット、デメリットの提示**に変える。
・**「褒める」**を、**Ｉメッセージに変える**（「叱る」も同様）。
・**「ありがとう」**は、**ポジティブなＩメッセージ**。

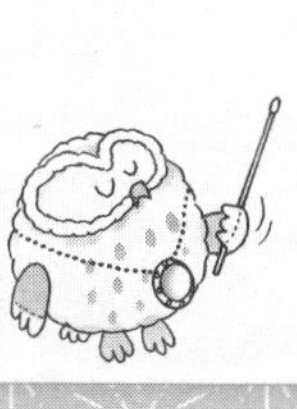

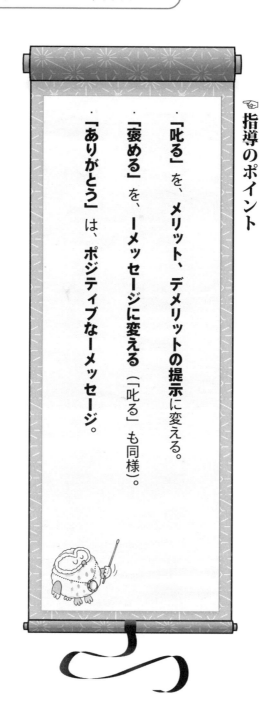

7 係や当番は、「一人一役」で安定！

花　ただいまー！！　ふぅー、今日も終わった！

ふっくん先生　何やら充実していそうな表情ですね。

花　もうどんどんクラスがいい感じで、最近、とても学校が楽しいです。ふっくん先生のおかげです。ありがとうございます。

ふっくん先生　それは良かったです。ただ、あくまでも教育理念とは花さん自身のものである必要があります。私の考えを参考に、少しずつ自分らしい考えを確立していってくださいね。

花　分かりました。たくさん、ふっくん先生から教わったし、私も立派な先生になれそうです！　さぁ、成仏してください！

ふっくん先生　いきなり!?　それに、花さん、まだ学級経営の抽象的な考え方にほんの少し触れただけですよ。大切なのはそれをいかに具体に落とすかということです。また、授業や保護者や同僚との連携、教師としてのスキルアップなど、大枠の考えにおいても、まだまだ伝えるべきことは数知れず……。

花　うっ！　やっぱりそうなんですね。

ふっくん先生　どんなことでもそうですが、**一つの山を登ってみると、別の山が見えたり、逆に海に潜っ**

てみたくなったりと、「知れば知るほど、知らないを知ることができる」状態になります。逆に言えば、**どこまでも飽きることのない充実した日々を送ることのできる仕事**と言えるかもしれません。子どもたちも基本的には毎年変わりますからね。

花　おぉ！「知れば知るほど、知らないを知ることができる」、今度、子どもたちに話してみます。えっと、具体的な指導を考えるにはどうしたらいいですか？

ふっくん先生　そうですね、例えば、花さんは始業式の日に、子どもをどのように教室から始業式に送り出しますか？

新年度の始めです、子どもたちは期待と不安が入り混じった気持ちで登校してくるでしょう。**その雰囲気のまま始業式を迎えてしまうと、落ち着かない子に雰囲気を引きずられたり、何となく上の空のまま式を終えたりする**ことが多くなってしまいそうです。

花　なるほど、一つひとつの場面で、どんな対応をするかということをしっかり考えていくんですね。うーん、それにしても始業式……。考えたこともなかった。普通に体育館に連れて行っていたけど、確かに言われてみれば、上の空の子が多かったような。……分からない。ふっくん先生にばかり頼るのもなんですけど、こんな時はどうしていましたか？

ふっくん先生　私は、**「竹の節目の話」**をするようにしています。

花　竹の節目の話？

ふっくん先生　竹は、成長速度が速く、ぐんぐんと青空に伸びていくので、しばしば人間の成長にも例えられます。

竹は軽く細いが故に、急速に背を伸ばしていきますが、なぜ、風などで折れてしまわないのでしょうか。それは、節目があるからです。**節目があることで力を分散し、しなやかな強さを持つ**ことができます。

人間の心も、節目を意識することで、竹のように柔軟な強さを得ることができます。節目とは正に、始業式のような日のこと。ここで落ち着いて、自分を見つめることで、節目を作っていきましょう。

と、このような話です。

花　確かに、この話を聴くと、上の空の気分から、急に主体的になれるような気がします。

……そっかぁ、こんな風に一つひとつの指導を考えていくことが大切なんだ。一気に道のりが遠くなりました、とほほ。というか、もうどこから手をつけていけばいいのか分からない！　道が見えない、暗中模索！　アンチュー、ウォンチュー、ガッデム花！

ふっくん先生　落ち着いてください。これはもう一歩一歩進むしかありません。多くの研修会や教育書、授業見学などで様々な具体的な指導方法を探してください。もちろん、自分でその都度考えることも大切ですが、先行実践も多くあるはずですのでまずはそれを行ってみて、少しずつ自分のスタイルに寄せていくことがよいのではないでしょうか。

花　確かに、最初から**「全部考えてみましょう」と投げ出されると辛いけど、「まずは真似をしてみる」もオッケーなら、挑戦できる**かも。私も子どもの時に**先生の「自由に考えてみましょう」が苦手**だったしなー。これは、有り寄りの有り！

ふっくん先生　アリよりのアリ？　モハメド・アリが好きだったとは意外です。

子どもにとっても**「自由に考えてみましょう」は選択肢があって初めて機能する声かけ**です。**初めてのことに対して、「自由に……」は、不親切な指導**と言えるでしょう。

花　モハメド？　誰？

そうですね、ここでも子どもたちにまず、しっかり教える必要があるんですね。

ふっくん先生　では、花さん。他の指導についても具体的に考えてみましょう。クラスの仕組みについてはどうでしょうか。例えば、係の活動などは機能していますか。

花　係ですか……。うーん、それが実はあまりうまくいってないです。**頑張る子は沢山、仕事をするんだけど、やらない子はあまりやらなくて。**もちろん、声をかければ、ある程度はやるんですけど……。

ふっくん先生　なるほど、まずは一人ひとりにしっかりと仕事をやってもらいたいですね。

花　そうなんです。後は、やっぱりやるからには、前向きにやってもらいたいです。どうすればいいでしょう？

ふっくん先生　花さん、どんどん聞きますね。

花　本当は自分で考えるのがいいとは思うんですけど。だから、なかなか同僚の先生には「楽してる」なんて思われちゃうかもしれないから、ふっくん先生くらいにしか聞けないし。

ふっくん先生　そうでしょうか。**教師は教えることが好きな人が多い**ですからね。花さんも、誰かに何かを聞かれても、嫌な気持ちはしないのではないですか？

花　確かに！　むしろ嬉しいかも。聞き方はあると思うけど、**勇気を出して聞いてみるのもいいかもし**

れない！　お母さんにも聞いてみます。あっ、うちの両親は教師だったんですよ。

ふっくん先生　知っています。是非、先輩に聞くことも挑戦してみてください。その後の**お礼やちょっとした気遣いも大切**ですよ。

そして、係の仕事ですね。私は、**係の仕事は二つに分ける**ことにしています。

花　二つですか？

ふっくん先生　**クラスのために必要な係と、あったらみんなが笑顔になれる係**です。

まず、クラスのために必要な係は、黒板や時間割、整理や保健、掲示などといったところでしょうか。これは、全員が何かの係に所属します。そして、係が決まった際には**一人一役を明確にする**と良いでしょう。この一人一役は、清掃や給食などの当番活動でも、はっきりさせておくことが基本です。

花　**自分の分担は自分以外の誰もやってくれないってなれば、責任は強くなります**よね。でも、そこまでやっても、やっぱりうっかり忘れる子はいそうで……。一人一役にする分、やっていないとクラスが困ってしまうし。

ふっくん先生　そうですね。ですので、忘れないように、かべに係の札を掛けておきます。

花　札？

ふっくん先生　長い長方形の厚紙の札の上下に穴を空け、輪ゴムを通します。表には名前、裏にはその子の係の名を書きます。一日の始めには、全て表にしておき、**活動を行ったら裏返します。帰りには全部係名が見えているはず**です。

花　なるほど、そうすれば忘れがちな子でも、**友だちが裏返していることで思い出すきっかけになりそ**

うです。**教師としても、誰ができていないかすぐに確認できる**し、一石二鳥です。

ふっくん先生　そうですね。そして、一日の終わりにその札を表に戻す「ふだ係」なども係として考えられるかもしれないですね。

花　そうか！　何でも係にして、子どもたちの力を借りればいいのか！

ふっくん先生　頼り過ぎても良くないですが、全てを教師でやるよりは、**子どもに任せられるものは任せる**と「私たち、僕たちのクラス」という意識も高まってくるでしょう。そして、全体的に意識の向上が見られたら、少しずつ一人一役を脱却していきます。

花　一人二役とかですか？

ふっくん先生　うーん、というよりは**だんだん係から離れていく**と言えばいいでしょうか。例えば、配付物は手の空いている人でやるとか、窓は気づいた人が閉めるとかです。もちろん、ここでも**「や**

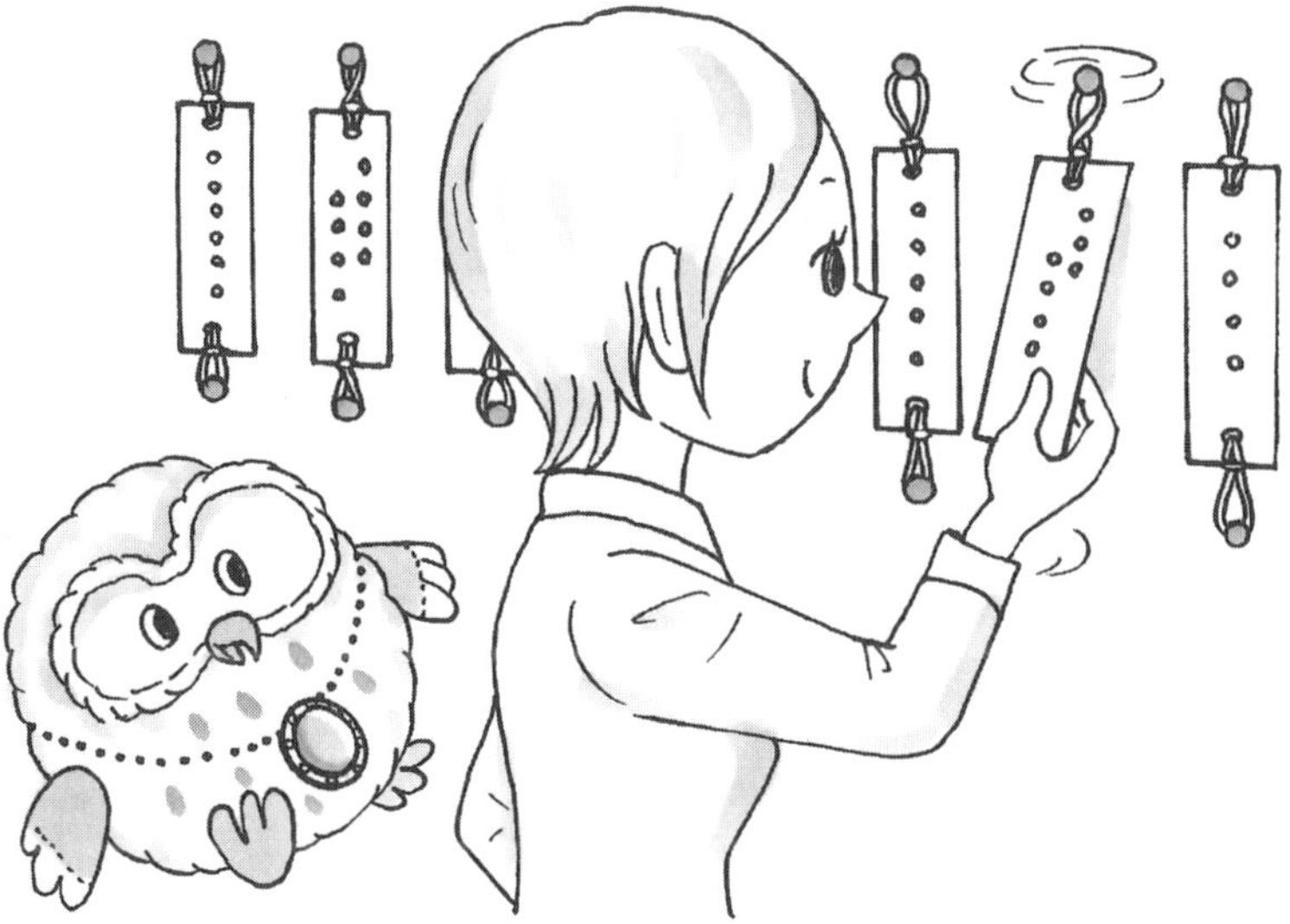

らない人の問題」や「やり過ぎてしまう人の問題」は出てきますが、そのような問題とクラス全体がしっかり向き合っていくことで当事者意識を育てることも大切です。

花　確かに、それが本質かもしれないです。

ふっくん先生　もちろん、最初からそれは難しいので、しっかりと一人一役で回していき良い流れが出来た中で、二学期以降から少しずつ係を精選していくイメージです。

花　「係から離れる」をゴールにしながら、まずは一人一役でしっかりと係が機能するようにしたいと思います。もう一つの「あったらみんなが笑顔になれる係」というのはどうすればいいですか？

ふっくん先生　これは**「会社」を作ります。**

花　？？？

ふっくん先生　聞いただけではピンっとこないのは仕方のないことでしょう。この「会社」は主体的な学級を作るための重要なきっかけに成り得る活動なので、明日じっくりとお話しします。

花　明日？　えっ、もう十時！　遅くなっちゃった。ふっくん先生、遅くまで、ごめんなさい。

ふっくん先生　教育の話なので、問題ありません。もっと言えば、私は幽霊の身なので問題ありません。

花　幽霊!?

ふっくん先生　幽霊でなければ、何でしょう。霊体？　エクトプラズマ？　怨念？

花　急に恐ろしい……。

ふっくん先生　とにかく私は朝型人間なので、そろそろ寝ます。おやすみなさい。……むにゃむにゃ。

花　幽霊なのに「朝型人間」とはこれいかに！

指導のポイント

・始業式などには**「竹の節目」の話**をする。

・係活動は、**「クラスのために必要な係」**と、**「あったらみんなが笑顔になれる係」**に分ける。

・「クラスのために必要な係」は、**一人一役**が基本。

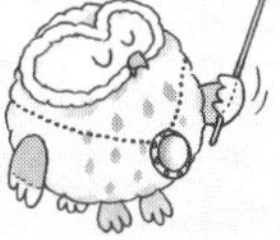

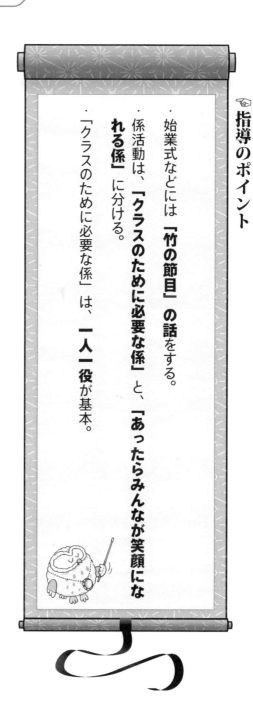

8 会社を作っちゃおう！

早速、「クラスのために必要な係」を一人一役分、考えてみました。子どもたちの意見も聞いて、「係リニューアル作戦」という名前で、実行しています。

給食はクラスを三分の一に分けて、ご飯、大おかず、小おかず、汁物、デザート、牛乳、配膳など一人ひとりの役割が、しっかりと分かるようにしました。きちんと仕事を割り振ることで、クラスが安定することを実感しています。

給食当番は、飽きないように、**円を重ねて作った当番表**で毎日役割を変えています（回すのは、係の仕事です。最初に自由に回させていたら、喧嘩になってしまったので……）。清掃も同じようにしました。清掃当番表は四十人分を分けるので、少し細かいですが、大きめの円で作っています。

花　一人一役で、係や当番活動がうまく回り始めた気がします。

ふっくん先生　当番活動では、**最初にやり方を丁寧に明示することも大切**です。**例えば、雑巾の絞り方など**は三年生でも、何となくやっている子は多いです。

花　そうですね。上手にできている子にお手本になってもらって、もう一度確認してみます。

ふっくん先生　このように、**「今、やることが明確な状態」は、どの場面でも重要**です。授業中でも、**子どもたちが乱れ始めるのは空白の時間帯**です。できるだけ空白を作らないことをまずはやっていき、少しずつ子どもたちの考えで学習できるようにしていきます。

花　考え方は授業でも同じなんですね！　授業の話も早く聴きたいんですけど、今日は……。

ふっくん先生　**「あったらみんなが笑顔になれる係」**についてですね。

花　そうです。昨日、ふっくん先生は**「会社を作る」**と言っていたんですけど。

ふっくん先生　子どもたちには自由に会社を作ってもらいます。

花　ええっと……。

ふっくん先生　では、一から話していきましょう。

まず、子どもたちには、**「クラスを笑顔にするために、会社を作ってくれないかな？」と投げかけてみましょう。**高学年なら、**プロジェクトやカンパニーという言葉を使うと幼い感じが出なくて良いかと思います。

花　横文字にすると、かっこいいですね！

ふっくん先生　それらの活動は自由そのものです。**「みんなを笑顔にする」会社なら、どんな会社を作っても良い**のです。

花　どんな会社でも!?　ワクワクしてきた！　例えば、どんな会社がありますか？

ふっくん先生　例えば、**「新聞会社」「お笑い会社」「遊び企画会社」「ダンス会社」「将棋会社」「テスト**

予想問題会社」「英語を教えてくれる会社」「一日一善会社」などです。趣味や特技を生かして、自分も楽しく、友だちが笑顔になれる会社を考えます。

「みんなを笑顔にする」ということを条件として挙げておくので、当たり前ですが「悪口会社」などは作れないことになります。

花　こんな風に、具体的に例示すると分かりやすいですね。

ふっくん先生　そうですね。前に「なんでもいいよ。自由ですよ」だけでは不親切である、という話をしましたが、このように**ある程度例示して幅を示してあげることは必要**です。

花　**抽象的なことを言った後には、必ず後に具体的なことを話す**ことで、分かりやすくなるんですね。

ふっくん先生　その通り！　さすがです！

花　やった！

ふっくん先生　さて、この会社活動ですが、やりたい子だけがやります。

花　？？　全員行うのではないんですか？

ふっくん先生　はい。この活動は、あくまでも主体性を育てることをねらいにしています。ですので、子どもたちがやりたいと思った活動をやりたいと思ったタイミングで行います。

会社は何人で作ってもいいですし、いつ辞めてもいい。一人でいくつもの会社を作ってもいいし、クラスに同じような会社がいくつあってもいい（新聞会社が四つとかですね）です。

花　ほうほう、子どもたちはどうしたら会社を作ることができるんですか？

ふっくん先生　**「会社計画表」を出したら、会社を設立することができます。**「会社計画表」と言っても簡単で、書くことは三つです。一、**会社名**。二、**メンバー**。三、**活動内容**。

花　そうですね……。さっき、趣味とかを生かしてって、話がありましたよね。私の趣味は、食べることなので、「給食会社」を作りたいです。給食の良さを世界に広める会社です。

ふっくん先生　花さんらしいですね。ではまずは名前を考えましょう。

花　「給食会社」です。

ふっくん先生　もう少し砕けた名前でも良いです。

一人一役の方は係の活動が分からなくなってしまうといけないので、あまり係名は崩さないようにお願いしていますが、**会社はかっこいい名前の方が、気持ちが上がります。**

花　そっかぁ、確かに！　**まず、かっこいい会社名を考えることで、活動へのテンションを上げていく**んですね。

じゃあ、どうしよっかな。……ええっと、給食だから、食べ物……フード、パクパク、ムシャムシャ……うーん、いや子どもっぽいな、横文字とインパクトで……ザ・カンパニーパニック……いやパニックは……もっと癒しを……花☆花ちゃん亭……うーん歌手みたいだし……もっとシンプルに……グルメグルメグルメ……いやエスカルゴエビフライマイスター……うーん、違う……よし、ええと、よし！決まりました！

ふっくん先生　ずいぶん考えましたね、どんな会社名ですか？

花　「給食の魅力を世界に広げようの会」です。

ふっくん先生　悩んでいた時と随分、違う感じのネーミングになりましたね。

花　一周回って、落ち着きました。

ふっくん先生　そうですか。では、メンバーはどうしますか。

花　親友のジェニファーちゃん、よく食べるステファーノくん、私の三人でやります！

ふっくん先生　……まあ、仮だからいいでしょう。活動はどうしますか。

花　給食の魅力をみんなに伝えて、沢山食べてもらいたいです。よし、これで計画書を出したら、会社設立ですね。

さて、給食のことを調べて、みんなに発表するぞ！　あれ、でもいつみんなに発表すればいいかな。

ふっくん先生　**行った活動をアウトプットできる場を用意してあげることはとても大切**です。「休み時間に教室の後ろでやります」とアナウンスする時間を、帰りの会で取ったり、掲示板などを開放してあげたりするといいでしょう。

花　そうですね、せっかく活動しても、みんなに広まらないと面白くないですもんね。

ふっくん先生　他にも、会社を盛り上げる仕掛けとしては、**教室の後ろに会社活動を行うことのできるスペースを、机などをいくつか置いて作っておく。ペンや紙、模造紙や段ボール、文房具類も近くのロッカーに用意しておくなどすると良いです。心理学的にも人間は二十秒以内に取り組めることは、続きやすい**という研究があるようです。

花　二十秒以内ですね。メモメモ。

ふっくん先生　少し話は逸れますが、**「ゲームを惰性で続けてしまう」**という子に、**毎回ゲーム機を箱**

にしまうようにアドバイスしたことがあります。これで、**準備に二十秒以上掛かるので、少なくとも惰性でゲームをしてしまうことは減る**でしょう。

花　この話、懇談会とかにも使えそう。メモメモメモメモメモ。

ふっくん先生　**どんな活動でも盛り上げるためには、「時間、場所、モノ」を確保してあげる必要があります。**

　更に、会社活動では、**行事とコラボレーションさせる**という方法もあります。**運動会などの行事では「円陣係」が大活躍**したことがありました。運動会が終わっても事あるごとに、クラスのオリジナル円陣を組んで、一体感を高めてくれていました。

花　なるほど、それは先生の方から投げかけるんですか？

ふっくん先生　円陣係などはある程度そうです。ただし、**活動が下火になってきたからといって、無理に焚きつけることもしない方がいい**です。会社は、どんどん設立して、どんどんなくなってしまってもいいとさえ思っています。

花　何故ですか？

ふっくん先生　この会社活動の目的は子どもたちの主体性を伸ばすためのものだからです。**主体性の成長に毒なのは、教師の圧**です。あくまで、子どもたちがやりたいものをやりたいタイミングで挑戦させます。**盛り上がる会社は、自分の活動意欲と友だちのニーズが一致した活動をしている会社**です。うまくいかなくて、**会社が潰れてしまっても、そのバランスがうまくいかなかったことを学ぶことができます。**

花　奥が深いですね。うまくいっている会社を取り上げて、どうしたら楽しい活動を自分たちで作っていけるのか考えさせたいです。

ふっくん先生　正にそれが主体性の教育ですね。まずは計画書の枠を作って、二十秒で取り組める会社活動スペースを教室の後ろに作ってみます。

花　会社、早く取り組んでみたいです。

ところで、ふっくん先生ならどんな会社を作りますか。

ふっくん先生　そうですね、「ワクワクゴーストふくろうちゃん会社」でしょうか。

花　ちょっと何言ってるか分からないです。

主体性を大切に，
みんな笑顔になれる会社活動でクラスを盛り上げよう

☞ 指導のポイント

・「あったらみんなが笑顔になれる係」は、**会社として作る。**

・会社は、**「みんなを笑顔にする」**という条件以外は、自由。

・会社活動を盛り上げるには、**「時間、場所、モノ」を確保**する。

・**教師の圧は厳禁**（主体性の教育）。会社が潰れても、学びになる。

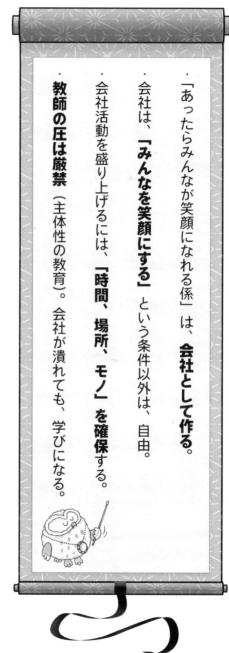

9 教室のレイアウト、どうしてますか？

花　今日、早速、教室の後ろに会社活動ができるスペースを用意しました！　ところで、教室の後ろを整理していて思ったんですけど、みんな教室のレイアウトってどう決めているんですか？

ふっくん先生　唐突ですね、レイアウトですか？

花　そうです、教室の作りはだいたい同じだと思うんですけど、配置が微妙に違うような……。あと、掲示物だったり、ちょっとした備品だったりも先生によって違いますよね。

ふっくん先生　そうですね、確かに工夫している先生は多いと思います。では、私の場合ということで、話していきましょう。まずは、教室前方です。私は**黒板の周辺には一切何も貼りません。**

花　そうなんですね。新出漢字などを紙で吊るしていることもありますけど。どうしてですか？

ふっくん先生　そのようなものがあると、**刺激に敏感な子が集中できなくなってしまいます。**関係のない時間に字を注視してしまったり、少しずつ揺れている様に目が奪われたりという具合です。当然、それは多くの子にとっても多かれ少なかれあることなので、ここを配慮しておくことは全体のためでもあるのです。この考え方を**インクルーシブ教育やユニバーサルデザイン教育と呼ぶことも**

あります。

花　確かに、私も子どもの時、授業中につまんなくなると窓から空を見上げちゃってたなぁ。

ふっくん先生　そうなると、花さんは**窓側ではなく、刺激の少ない廊下側の真ん中辺りの席の方が集中しやすかったのかも**しれません。まあ、誰しも集中が切れてしまう時はあるので、花さんの刺激に敏感な度合いについては分かりません。

花　集中力が切れやすい度合いなら、横綱級です。どすこい、どすこい！

ふっくん先生　……新出漢字は、**チョークで書くことのできるマグネット式のものに書いて、後ろの黒板などに貼っていました。**

また、私は、**教卓を使っていませんでした。**

花　何でですか？　なんだか落ち着かなそう。

ふっくん先生　理由は二つあって、**一つは黒板の前のスペースを子どもたちができるだけ多く使うことができる**ようにするためです。もう一つは、**教卓に頼らず、子どもたちに思いを届ける**ためです。

花　教卓に頼らずか。今、教卓がなくなったら、かなり心もとない気がします。

ふっくん先生　最初は、そうかもしれません。ただ、**一週間もしないうちに慣れます。**そうなると、教卓があることがむしろ邪魔に思うこともあります。

教師用の机もスペース確保のため、教室後方に置いていました。これは、教師用の机を**子どもと相対するのではなく、同じ方向を向かせたい**という思いもあります。

花　そうなると、かなり前のスペースが空きますね。

黒　板
スペース
習字
教師用の机
教卓
カーテン
会社活動用の机
クールダウン用
のスペース
ロッカー
後ろの黒板

ふっくん先生　低学年なら**少し机をずらせば、その空間で子どもたち全員が集まって話し合いをすることもできます。**椅子に座って話すよりも、近い距離なので、**より当事者意識を持ちやすい**でしょう。

花　言われてみればそうですね。と言うか、そんな風に柔軟に教室のレイアウトを考えることをしてこなかったです。何となく、置いてあったまま使っていました。

もしや、子どもたちの席も、色々動かしていますか？

ふっくん先生　**通常時は二人で机をつけて、**それを三列くらい作っていることが多いです。席がくっついていると自然に**隣の子と相談しやすく**なります。ただ、**落ち着かない雰囲気であったり、テストを行ったりする時は、一人ひとりが独立した席にする**こともあります。

花　この辺りも、「これはこう！」と決めずに、その時に応じて柔軟に変えていいんですね。

教室の側面には何がありますか？

ふっくん先生　窓側には**係を知らせるカードや当番表を貼っていました。廊下側の壁には、習字を貼っていました。**

花　習字は後ろではないんですか？

ふっくん先生　多くの先生が後ろに貼っていましたが、私は横に貼っていました。何故なら、**後ろでは子どもたちの手が届かない**からです。そうなると習字を清書する度に、教師が高いところに登って一枚一枚貼らなくてはなりません。これを一年間の仕事時間で考えると、その時間をもっと本質的なところに回したいと思ったのです。

花　習字って、一人で貼るとすごく時間掛かりますよね。糊をつけて、高いところに登って貼って、また降りて、糊をつけて……。これを子どもたちが自分たちでやれたら、すごく助かります。

ふっくん先生　**教師が楽をしたいということではなく、その時間を子どもと向き合うため**ということですね。**掲示用ファイルを購入できれば、収納も楽で、破損を気にしなくて済みます。**

廊下の絵は、さすがに子どもが貼ることは難しいですが、二段クリップを使ってセットするところまでは、子どもたちと一緒に休み時間などに行うことができます。**二段クリップで例えば五人ずつ繋げておいて、一番上を留めるだけの作業にしておけば、かなり時間の短縮**になります。廊下の壁の一番高いところには、**二段クリップをつけることのできる厚紙を事前に貼り付けておく**必要があります。

花　前にも子どもたちの力も使いながら、という話がありましたけど、この方がやはり、**クラスをみんなで作っている感じ**になりそうです。

ふっくん先生　教師が一人で行うと、時間的な部分だけではなくて、**「やってもらって当たり前」という意識も出てきてしまうかも**しれませんね。

花　**危険でないことや、個人情報がないことに関してはみんなで作り上げていく**ということですね！

ふっくん先生　その通りです。

教室の後ろには、会社活動場所、クールダウンのために仕切られた一画、教師用の机、ロッカー、掃除ロッカーなどがあります。ロッカーや掃除ロッカーの整理の仕方については、大きな写真を貼っておくと良いでしょう。

花　そうか、それならいちいち言葉にしなくても一目瞭然ですね。

ふっくん先生　写真や動画を気楽に使える時代だからこそ、効果的に活用していきたいですね。

花　デジカメ使ってます！　遠足の時の写真をクラスにも飾っていますよ。

ふっくん先生　それもいいですね。私は、遠足以外でもデジカメは年中持ち歩いて写真を撮っていました。特に、**「価値づけ」したい場面に遭遇した時には、すぐにその様子を撮ります。**

花　価値づけしたい場面っていうのは……。

ふっくん先生　例えば、**クラスのやんちゃな子がすごく真面目に掃除をしている場面や、みんなで円陣を組んで心を一つにしている場面など**です。良いな、と思った場面があったらすぐに首から下げているカメラで撮って、掲示します。

花　自分の写真が掲示されたら嬉しいですよね。明日から早速デジカメを持ち歩いてみます！

ふっくん先生　最近のデジカメは動画の機能があるものも多いです。**静止画だけではなく、動画で撮って見せることは客観的視点を育てる一番簡単で一番効果のある方法**だと思っています。

花　もう自分のデジカメが欲しくなってきました。一緒に、買いに行きましょう！

ふっくん先生　一緒に買いに行きたい気持ちも山々ですが、花さんが私を連れて歩くと、目立つような気がします。

花　おお、確かに……。じゃあ、大型猫用のゲージで目立たないように連れていきます。そうなると、まずはペットショップですよね!?

ふっくん先生　ですよね!?　と言われると困りますが、気持ちは嬉しいです。

花　あと教室に設置しておくと良いものはありますか？

ふっくん先生　そうですね、**忘れ物をした子に貸し出せる文房具、体温計や絆創膏、トイレットペーパー**

などでしょうか。他にも**養生テープや激おちくん、吐いてしまったものを固める粉など**挙げればキリがないですが、その都度必要なものを揃えていくといいでしょう。

花　**絆創膏は、「心の絆創膏」ですね。**

ふっくん先生　そうです、**低学年の子は絆創膏を貼るだけで、傷みがなくなったように感じる子も**います。先生が**受け止めてくれたという安心感**ですね。

花　トイレットペーパーは何かと緊急時に使えそうですけど、忘れ物は毎回貸してあげていいんですか？

ふっくん先生　忘れ物をしたからと罰の意味で貸さないよりは、貸してもなお忘れ物がなくなった方が、良いと思います。忘れ物をした子には、次の三つを考えて、言いにきてもらっていました。

一、明日絶対に忘れない対策（紙をランドセルに貼るなど）。二、ずっと忘れない対策（お家での習慣化の工夫）。三、今日どうするか（借りるなど）。この一、二をきちんと考えることで、少しずつ忘れない生活が習慣化されていきます。三も大事で、大人になれば分かることですが、**大抵忘れ物は何とかなります。**

花　確かに。三は、本当に生きる力の育成という感じもします。

ふっくん先生　**忘れた子が隣の子に借りると、隣の子の不満も溜まってくる**ので、**基本は教師の物を貸し出す**ことが良いでしょう。

花　忘れ物指導、「圧」でやっちゃってました……。

ふっくん先生　「圧」がないと、できない子になってしまう危険がありますね。

花　それは、あっつつつつつつつつつ……。

ふっくん先生　おやすみなさい。

ふぅー、今日もたくさん勉強しちゃいました。

そして、ふっくん先生は相変わらず寝るのが速いです。

あらら、ふっくん先生の胸についているペンダント、少し古風だけど、何だか素敵です。ぬいぐるみの時は、こんなのなかったのになぁ（ふっくん先生が憑依する前ね）。

どんな感じか触ってみても、ちょっとくらい、いいよね……。

指導のポイント

- **黒板の周辺には何も貼らず**、教卓や教師用机も置かない。
- **習字の掲示**は、教室の**後ろではなく、横**。
- デジカメを持ち歩き、**価値づけしたい場面を撮影**、**掲示**。
- **忘れ物指導**は、対策をさせて、**解決策を考えさせる**。

10 朝の会、帰りの会のメニューはどんな感じ？

パカッ。

あらら、ふっくん先生の胸のペンダントが開いちゃいました！

中からは一枚の写真が出てきました。

あれ！　これは、家族の写真。小学校の頃の私が写っています！　一年生とかかな、私可愛かったなぁ。お母さん、お父さんも写っていて、お父さんの隣にもう一人……。えっ！　これって、フクザワソウセキ先生！

フクザワソウセキ先生は、私たち家族と知り合いなんだ！　成仏できなくて、私のところに来たのは生前に縁があったからだったのね！

花　ふっくん先生！　ふっくん先生って、私のこと、実は、すごく昔から知っていますよね！

ふっくん先生　えっ、何のことですか……。皆目見当もつかない……。五里霧中……ゴリラ夢中……。

花　何で隠すんですか！　誤魔化し方も、ふっくん先生とは思えない失態です。ゴリラが夢中なのは、バナナだけですよ！

ふっくん先生　いや私は……。

花　ペンダントに写真が入ってたんです。あっ、ペンダント、勝手に触ってごめんなさい。

ほら、小学生くらいの私とフクザワソウセキ先生が写ってる。知り合いだったんですね。そういえば、両親とフクザワ先生、出身大学が同じですね。

それにしてもフクザワソウセキ先生って、かなりのイケメン！　今は、ふっくん先生だから、かわいい印象しかないですけど。ふっくん先生がフクザワ先生で良かった！

ふっくん先生　……昔から知る花さんを、助けたいという気持ちが、私をここに寄越したのでしょう。

花　ありがとうございます。ふっくん先生が、本当の伝説の教師で安心しました。それに最初の方は、どこかの誰かに騙されている気がしてたんですけど、この写真と、何より確かなアドバイスで、もうこれは確信しました。

それにしても、知ってたなら言ってくれればよかったのに。とにかく、私はふっくん先生のアドバイスで立派な先生になります。そして、無事ふっくん先生を、すごいスピードで成仏させます！　ゴーゴーヘブン！

ふっくん先生　ありがとうございます、教育者として成長していきましょうね。私も、的確にアドバイスができるように頑張ります。

さて、今日はどんな話題ですか？

花　今更なんですけど……、朝の会、帰りの会について教えてください。

ふっくん先生　何か困ったことがありましたか？

花　事件とかがあったわけじゃないんですけど、何かテンポが悪いと言うか。改めて見直したいと思っているんです。

ふっくん先生　花さんはどんなメニューで、どこに違和感を持っているのか、教えてもらってもいいですか。

花　ええっと、そうですね。まず朝の会は、日直さんが挨拶をして、係からの連絡があって、一分間スピーチがあって、健康観察と先生の話、という感じです。

ふっくん先生　よくあるタイプの朝の会という感じがします。

花　そうですね、でも、朝から少し「重い」ような気がしています。ふっくん先生のこれまでのアドバイスで子どもたちが何もしない空白の時間をできるだけ少なくするようにしたら、すごく学級がうまく回り始めました。でも、この朝の会は、子どもたちは確かに座っているけど、言うなら**思考の空白時間が多い**ような気がして……。

ふっくん先生　なるほど、思考の空白時間ですか、面白い言い方ですね。花さんの学級も、子どもたちの行動が落ち着いてきたからこそ、次のステップに向かえているという感じがします。

花　次のステップ、という感じもあるんですけど、**こういうところで、「重い」を繰り返すと、またクラスが落ち着かなくなる**と思ってしまって。

ふっくん先生　その辺りの花さんのクラスを捉える感覚にも、とても成長を感じます。さて、朝の会ですが、確かにこのメニューだと重くなる要素はあると思います。

花　どの辺りが重い感じですか？

ふっくん先生　まず、挨拶は良いとして、その次に係からの連絡、スピーチと続きます。係からの連絡は、連絡をする子が言うことが毎回同じではないことがあるため、時間がかかるかもしれません。また、聴いている子もそれなりに集中する必要があります。また、スピーチは、そもそも、そこが発表者にとって「大勢の人に自分の話を聴かれる初めての機会、練習の場」であるため、スムーズにいかないことの方が多い、と想定しておく必要があります。

花　今のメニューは、挨拶の後から、すぐにテンポが悪くなっているんですね。

ふっくん先生　メニューを見直して、**挨拶→健康観察→先生の話、で良いかもしれません。**これなら、**まずは教師がスムーズなテンポをコントロールできます。**

私は、学年始めでは朝の会では、**学びよりもテンポを重視**していました。教師の話もできるだけシンプルにまとめます。花さんが言っていたように、**朝から落ち着かなくなり崩れるよりは良いですし、学びはその後の授業でしっかりとつけていきます。**

花　連絡やスピーチはなくてもよいということですか？

ふっくん先生　いえ、もちろん、子どもたちの主体性が育ち、お互いを助け合える雰囲気になった時には、連絡やスピーチも入れるべきです。やはり**朝は集中しやすい時間帯ではありますから、学習の効率が上がります。**私は**学年始めの時期には、朝読書や読み聞かせ**に力を入れていました。

花　**朝読書や読み聞かせなら、やることがはっきりしているから重くもならず、学びもある……**なるほど。

ふっくん先生　**係の連絡は、初めのうちは後ろの黒板などで済ませるシステム**にしておくといいと思います。自分たちから特に何か発信したい場合は、教師に相談に来るようにさせるか、その頃に学級がある程度落ち着いていたら、必要に応じて朝の会に取り入れてもいいとは思います。スピーチは、二学期以降が無難ではないかと思います。

花　そうか、係の連絡なんかは、工夫次第で無理に朝の会に詰め込む必要はないんですね。

ただ、うちの学校、朝のスピーチは全学年共通で行わなければいけないことになっているんです。

ふっくん先生　そういう学校も多いと思います。それならば、**先生の話の後が良いかもしれません。教師の話の流れで、スピーチに入るので、テンポを誘導しやすい**です。子どもたちが進めている状況ではテンポのコントロールは難しいです。

花　何となく、先生の話は最後だと思ってました。

ふっくん先生　理想を言えば、子どもたちだけで朝の会が流れることがよいですが、そこに近づくためには少しずつ階段を上る必要があるというわけです。

花　焦らずやっていきたいと思います！

帰りの会についても教えてください。

ふっくん先生　**帰りはシンプルが一番**です。

花　シンプル？

ふっくん先生　例えば、花さんが、仕事を終えて、**やっと家に帰ろうとしているところで、ベテラン先**

生が**「今はあまり関係のないと思えてしまう有難い話」を長くしてきたらどうでしょう？**

花　それはちょっと嫌です。気持ちは有難いですけど、今じゃない、って感じだし。テレビの時間が迫ってるかもしれないし。キンプリが私を待っているんで。

ふっくん先生　キンプリは別に待っていないとは思いますが、帰りの会の子どもたちも正にそんな気持ちなのかもしれませんね。

花　そっかぁ、自分に置き換えると、分かり味が深いですね。

ふっくん先生　ですので、**初めは簡単な確認と挨拶くらい**にしていました。少しずつ会社活動の発表など、**楽しい要素を入れるのはよい**と思います。説教じみたことはよほどタイムリーなタイミングでなければあえて話すことはしません。

花　家庭へのお手紙の配付なんかはどうするんですか？

有難い話をしてあげよう。
すみません。今日は，キンプリが待っているので。

自分に置き換えて考えてみよう

ふっくん先生　**帰りの会の前の荷物をまとめている時間に配ってしまいます。**
花　そうなると、帰りの会がすごく早くなりますね。
ふっくん先生　外に出る時間が決まっているのなら、先ほど言った会社活動の発表や、読み聞かせ、クラスでゲームなど、楽しい時間を過ごさせたいものです。
花　**学校が楽しい、という印象で下校**できそうですね。
ふっくん先生　ただ、あまり**テンションの高い状態で下校させると安全に配慮できないこともある**ので、**ゲームなどを行った際は、最後に落ち着かせる時間はきちんと取りたい**ものです。
花　ふっくん先生、抜かりないですね。私もそんな風に抜けがないように考えられるようになるのかなぁ。
ふっくん先生　周りのすごい先生も初めは花さんのような新人で、0からのスタートだったはずです。じっくりと積み重ねていけば、必ず考えの幅は広がり、深くなります。
花　頑張ります！
ふっくん先生　さあ、後、一回で、学級経営編はおしまいです。
花　今までのふっくん先生のお話は、学級経営編だったんですね。まるで、私たち、本の中にいる人みたいですね！
ふっくん先生　そういうことは、言いっこなしですよ。

こんな私でも、学級経営の基本が分かってきた実感があります。

よしっ、これからも、とにかく実践あるのみです。

これでも、うまくいったことも、うまくいかなかったこともきちんとノートに記録してあるんです。と言っても、**毎日退勤前の五分程度、簡単なもの**ですけど。**それでも、ちゃんと実践を振り返れている感じと、達成感があります。**皆さんにも、お勧めですよ！

指導のポイント

・朝の会は、テンポが大切。**重さは厳禁。**

・帰りの会は、**シンプル**に。

・帰りに時間が余ったら、**楽しい活動**を。（クールダウンを忘れずに）

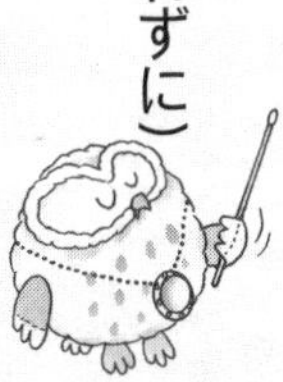

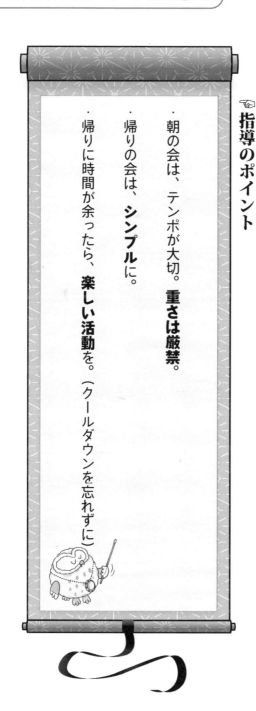

11 子どもたちだけで話し合うなんて、できるのかな

花　いよいよ今日で、学級経営編も、おしまいですね！

ふっくん先生　そうですね、今回は、次へのステップとなるお話をしましょう。

花　次へのステップ！　何かレベルアップみたいですね！　ふっくん先生のおかげで、クラスも順調ですし、子どもたちも、自分も、成長した気がしているんです。

ふっくん先生　花さん……。

花　ふっくん先生、私の成長に感動して、泣いているんですね。

ふっくん先生　……甘いです。

花　え!?

ふっくん先生　花さん、甘いです！　激甘です！　角砂糖、二千万個分くらい甘いです！

花　二千万個！　角砂糖は、一個だろうが、二千万個だろうが、甘さ自体は変わらないのでは！

ふっくん先生　黙らっしゃい！　花さんは、まだ山を一つ登ったに過ぎません。まだ真の登るべき山へと続く、入り口の山に過ぎないのです。

花　真の登るべき山ですか。その山とは……？

ふっくん先生　**子ども自身の、真の成長**です。

花　ええ!?　今のやり方では、子どもたちは真には成長していない、ってことですか?

ふっくん先生　いえ、子どもはどんな場面、どんな環境でも成長するものと考えれば、今までの指導でも成長はしているでしょう。ただし、真の成長には**花さんがいなくなることも必要**なんです。

花　??　意味が分からないです……。

ふっくん先生　今、花さんが行っていることは、**花さんがいるから成立している指導**なのです。つまり、**来年度、花さんが去って、新しい担任の先生が来れば、それは成立しない。**子どもたちは**0に近い場所からまたスタートする**ということです。**今までは全て、教師主導**であったということです。

花　来年度、0に近いスタート……。教師主導……。子どもたちの本当の力が伸びていないから……。

ふっくん先生　そうです。ただ、誤解してほしくないのが、ここまでの花さんの方向性が誤っていたわけではありません。この後に、子どもたちの真の力を育てるために、今まで花さんがやってきた**子どもたちが安心して成長できる環境を教師主導で作ることは必須**です。それが、なければ子どもたちの本当の力を成長させることができません。

花　良かったです。また、ここから、0からのスタートだと思ってしまいました。子どもたちにつけるべき本当の力とは何ですか?

ふっくん先生　教師により答えが分かれるところでありますが、私は**主体性**だと思っています。

花　**主体性の成長こそが、子どもたちの真の成長……。**

ふっくん先生　**主体性とは、今いる世界に対して自分が当事者意識を発揮して、有機的にアプローチし続ける力**だと思っています。**自主性が自由にアプローチし続ける力だとしたら、主体性は自分を取り**

巻く状況をも加味した上でアプローチし続ける力、ということなので、**主体性は自主性よりも上位の価値**になってくると考えます。

花　難しいです……。

ふっくん先生　そうですね。今のは言葉の問題なので、よく分からなくても大丈夫です。とにかく、今、学級がうまくいっているのは子どもの力ではなく、教師の力です。**そうではなく、子どもたちの力でもうまくいくようにすることで、子どもの真の力をつけることに繋がる**でしょう。

花　確かに、学級のシステムとか会社活動とかも、私が**レールを敷いてあげて、その上を子どもたちが走っている感じ**はありました。それに満足していたけど……。でも、本当は、**子どもたちが、そのレールを作れるように育てていかなくてはいけない**ということですね。

ふっくん先生　その通りです。ただ、今まで花さんが敷いたレールで、子どもたちは安心して過ごすことができています。また、レールの作り方の見本をしっかり知ることができています。いよいよ、次のステップにいきましょう！

花　これが本当の山の入り口なんですね。富士山の裏にエベレストが隠れていた……。ううう……。うおおおおおおおおおーい！

ふっくん先生　えええ？　だ、大丈夫ですか？　ショックを与えすぎてしまいましたか？

花　いいえ、その逆です！　世界の真実を知ることができた冒険者の気持ちです！　ここから、また子どもたちの真の成長のための第二幕です！　すごくやる気が出てきました！　第二幕の一歩目を教えてください！

ふっくん先生　さすがです。誰でも新しい道に怖さはありますが、その一歩が出れば必ず成長に繋がります。花さんは教師の鑑です。

花　えへえへえへ、うふふふふ、えへえへ。

ふっくん先生　**子どもの真の成長のための第一歩は、子どもたちだけで話し合えるようにすること**です。

花　子どもたちだけで？

ふっくん先生　そうです、今までは学級の色々なことを花さん中心に決めてきたのではないですか？

花　そうです。だから、私がいなくて、子どもたちだけで決めるという姿を想像することができません。

ふっくん先生　それをできるようにしていきましょう。子どもたちだけで話し合いができるようにするためには、三つのステップが必要です。一、**「型」を与える。**二、**教師のサポートの中で進行していく。**三、**子どもたちに任せる。**

花　細分化すると分かりやすいです。まず、一では、どんな型を与えるんですか？

ふっくん先生　**最初は、①議題に対して意見を出させる。次に、②それに対する賛成反対を言わせる。最後に、③意見を絞っていく。**この流れです。

花　ええっと、まだうまく想像できないです。子どもは司会みたいな人がいるんですよね。

ふっくん先生　そうです。**司会で進行する児童が二人程度。板書や困った時に相談をするためにサポートする子は、二人程度がやりやすい**でしょう。**あまり人数が多いと、まず司会団でまとまらなくなります。**

花　実際の議題で考えてもいいですか。例えば、お楽しみ会で行うゲームを決める話し合いをする、とする。

ふっくん先生　はい、まず子どもたちにお楽しみ会で、使える時間を伝えるといいでしょう。「時間は三十分、だから、できるゲームは二つくらい」と、**話し合いの前提条件を教師がはっきりさせることが大切**です。

花　**大人の話し合いでも前提条件がはっきりしていないと、無駄な時間になってしまう**ことがありますよね。

ふっくん先生　そうです。前提条件がはっきりしたら、**司会の子たちに「ゲームを二つ決めましょう、何か案のある人は手を挙げてください」と言わせることから話し合いが始まります。**ここで、**あまり意見が出ない時には、司会の子が「近くの人と話し合ってください」などと言います。**

花　まずは様々な意見を自由に出させるんですね。鬼ごっこ、ドッジボール、クイズ大会、出し物……。

はい
給食の時間を
2倍にしたら
どうでしょうか。

少数意見も大切にしましょう

ふっくん先生　**最初は、どんな意見でもとりあえず自由に全て出させます。**サポートの子は、それを黒板に残しておきます。

全て出切ったら、次はそれに対する賛成、反対を言わせます。ここで、**反対意見が多いものは全員一致が条件で消していきます。**この時の、**司会の子の言葉は「挙げられたものに対する賛成、反対の意見を出してください。ただし、挙げられているものを尊重してください」**です。

花　**少数意見の尊重**ですね。

ふっくん先生　そうです、それに**反対意見が出た際に、その意見を消すのはその意見を出した子も含めて全員一致が必要**です。この時に、**数の圧力や人間関係のプレッシャーがないように、司会の子や全体に十分に説明する必要があります。**「早食い競争は色々反対の意見は挙がっているけど、でも、残しておきたければ、とりあえずこのままにしておくよ」などと、**できるだけ心情に寄り添う**必要があるのです。

花　それなら意見を言った子も安心ですね！　そんな感じで、賛成、反対を出させたら、いよいよ最後ですね。最後は多数決で決めるんですか？

ふっくん先生　いえ、**安易な多数決はできるなら避けたい**です。

花　何でですか？

ふっくん先生　例えば、**一年生の中に、「一人だけ六年生」がいたらどうですか？**　一年生と六年生の意見が違った場合、おそらく、**六年生の合理的な意見は多数決で採用されることはない**でしょう。ただ、**同年代で話し合っていても議論がしっかり行われていないと、その議論に対して、六年生並みに**

熟している子もいれば、まだ一年生の子もいる。そんな状態で多数決を取ってしまえば、後々考えた時に、みんなにとって良いものが決定したとは言えなくなってしまうことが多いのではないでしょうか。逆に言えば、議論がしっかりと成熟し、**ほとんどの子が同じ土俵に立っている状況になれば、多数決が選択肢の一つ**になってくるでしょう。

花　安易に多数決を取って、決めることってあったけど、**その多数決には「よく分かっていない人」も数に含まれてしまう**んですね。みんなが同じ土俵に立って、多数決を行いたいです。

ふっくん先生　全員一致の話し合いだけで決まればいいですが、**どうしても声の大きい子の意見が通りやすくなってしまうなどの弊害もある**ので、そのようなクラス状況なら最後はむしろ多数決で確認する必要もあるかもしれませんね。もちろん、多数決などで決まったものに関して、**後で蒸し返すのはなし**です。**意見はしっかり話し合いの場で言う、後で文句はなし、も事前に確認**しておきましょう。

花　トラブルを防ぐ意味で大切ですね。なるほどー、これが話し合いの型なんですね。

ふっくん先生　この型は事前に全体に示します。また、司会を務める子たちには更にしっかりと休み時間などに伝えておく必要があります。当然、それだけで子どもたちの話し合いができるわけではないので、**初めのうちは話し合いの中で教師がしっかりサポートをします。**だんだんと、サポートを少なくしていけば、いずれ子どもたちで話し合える時がきます。

花　この型なら、どんな話し合いにも使えそうですね。これで、子どもたち自身で色々決めることができれば、「子どもたち自身がレールを敷くこと」ができるんですね！

ふっくん先生　そのスタートを切ることができます。

花　これがまだスタートだなんて、真の教育って遠い……。

ふっくん先生　だから面白く、一生をかけるに意味のある仕事です。

花　私、この前まで転職も考えていて、自分の人生がこのままでいいのかなって、思っていたけど、今はっきり「このままでいい！」って、思いました。もう自分探しは必要ないです！

ふっくん先生　それは良かった。そう思ってくれたら、一つ、私がここに来た意味があったというものです。これで学級経営編は、一日終わりますが、更なる高み、子どもたちの真の力の育成に向けて、精進してください。

花　精進します！　この後は、何編が始まるんですか？

ふっくん先生　授業編です！

花　授業ですね！　どんとっ、こーい！！

ここで、学級経営編のお話は、おしまいです。少し安定してきた私の学級経営。でも、これから子どもたちの真の力をつけるために、頑張っていきます。

これを読んでいる皆さんはどうですか。正直、物語のように簡単にいかないことは分かっています。全然進んでいない、って思って涙が出ちゃうこともあるかもしれません。でも、**螺旋階段のように同じところを回っているように見えても、少しずつ上がっていってる**と、私は思うようにしています。

この先も、一緒に頑張っていきましょうね！

☞指導のポイント

・教師主導ではない学級経営の第一歩は、**子どもだけで話し合わせる**こと。

・話し合いの型……**①意見を出させる。**
②賛成反対を出させる。
③意見を絞っていく。（多数決は、慎重に）

授業編

12

授業とは、一問一答ではない！ 将来、しっかり使う力を学ばせたいのです

ふっくん先生から、学級経営の方法を伝授してもらって、今までは「うまくできている」「ましになってきた」なんて考えていましたが、それはあくまで、教師側のことだと気がつきました。**一見、停滞しているように見えても子どもたちは先に進むエネルギーを貯めているかもしれない、順調そうに見えても人知れず思い悩んでいる子がいるかもしれない。**今は、少しずつだけど、そんな風に考えられるように努めています。

花 ふっくん先生。いよいよ今日から、授業編、ですね。

ふっくん先生 そうですね、ただこの授業を考える上でも、今までの学級経営は切り離すことはできません。

花 どういうことですか？

ふっくん先生 例えば、単純にクラスの規律が守られていない状態なのであれば、授業は成立しませんよね。逆に、良い学級経営で、**クラスの人間関係が良ければ、控えめな子や自信を持てない子も、臆さず発言する機会を得ることになる**でしょう。また、私は、**授業で学級経営**をすることも大切だと考えています。

花　それはどうしてですか？

ふっくん先生　教科の学習を習熟させるためだけなら、何も学校である必要はないからです。学校での学びは、教科の基礎基本をしっかりと押さえる他に、**大人数で学んでいることのメリットを生かすことが大切**になります。

花　**家にいたら、大人数の前で発表することも、多様な意見を聴くこともできない**ですよね。そうするためには、当然、学級経営の質が問われてくる……。その辺りの学びは、子どもの将来に大きく影響してきそうなことは想像できます。

ふっくん先生　その通りです。ですので、**「教科を学ぶ」のではなく、「教科で学ぶ」**と言われているのです。国語や算数の**一問一答ではなく、それを介して生涯必要な力を学ばせるのが、学校での授業の役割**だと考えています。

花　うーん、ふっくん先生が言っていることは、ぼんやりとは分かるんですが、難しいです……。生涯必要な力というのを、みんなで勉強するメリット以外どうやって捉えたらいいか……。
　みんなで勉強する、だけがメリットなら、体育とか図工とか家庭科とか別にいらなくないですか？　それは休み時間とかにやれば。いや、経験としては必要か、だとしても……。何言ってるんだろ私。何だか、分からなくなってきました。ぼんやりしてきました。思考がループしていく。馬の耳にループ、です。もう少し具体的に教えてください。

ふっくん先生　花さん。

花　はっ、はい。

ふっくん先生　**分からないことを聞いてくれて、ありがとうございます。**
花　びっくりした！　ふざけて、怒られるかと思いました。
ふっくん先生　**教師たるもの分からないことを問うてくれた人には、有難いという思いで接したい**ものです。
花　あっ、そういえば、先輩の先生に質問をした時に「聞いてくれて、ありがとう」と言われ、とても心が軽くなったことがあります。私も、子どもたちにも、同僚にもそう言える先生になりたいです！
ふっくん先生　そうですね、共に目指しましょう。
花　ふっくん先生は、もうできているじゃないですか。
ふっくん先生　いえ、「馬の耳にループ」辺りで、「はぁ？　何ですか、それは!?」と心の中で、なってしまいました。まだまだです、私も。
花　……すみません。話を戻しましょう。生涯必要な力、子どもたちの将来でも使う力ってことだと思うんですけど、それをどう考えていくか、具体的に教えてください。
ふっくん先生　そうですね。これは授業を行う上で、基本となる考えですから、しっかりとやっていきましょう。
　さて、では花さん、突然ですけど、**逆上がりは役立っていますか？**
花　は？　逆上がりですか？　役立っている、と言うと……。
ふっくん先生　花さんは小学校で、逆上がりを習いましたか？
花　はい、そりゃあ、とっても習いました。担任の先生が「クラス全員ができるようになるまで頑張るぞ」と言っていて、長く練習していた記憶があります。「全員」とか言われてプレッシャー大でした。私は、なかなかできなかったから、クラスのみんなに「頑張れー、頑張れー」って応援されて、恥ずかしかったなぁ。でも、ギリで何とかできるようにはなりました。

ふっくん先生　できるようになって、今何か良かったことはありますか？

花　えっと、子どもたちに逆上がりを教えることができます。

ふっくん先生　そうですね。教師や運動の習い事のコーチ、体操選手などは、逆上がりを仕事で使うかもしれませんね。でも、大半の人は、そのような職業には就きません。では、そのような職業でない人は、逆上がりの練習はしなくていいですね？

花　え、いや、そんなことはないんじゃないかな……。ええと……。

ふっくん先生　現に、花さんもプライベートでは逆上がりをしないんじゃないですか？

花　いやいや、そんなことはありませんよ。趣味で、毎日三十回逆上がりをやったり、高いところのものを取るために逆上がりで取ったり……。って、そんなことあるかいっ！

ふっくん先生　では、逆上がりを指導する必要はないんではないですか。

花　えっ、待ってください。ほら、例えば、私みたいになかなかできない子が諦めずにやって、諦めない心を作るため、というのはどうですか？

ふっくん先生　確かにそれはありますよね。ただ、それだけだと、あえて逆上がりでなくても良い気がしますね。

花　そうですね……。

ふっくん先生　少し意地悪を言ってしまいました。ただ、この質問は私が実際に保護者の方から受けた質問なのです。**「うちの子は運動が苦手なので、逆上がりに意味がないのなら、あまりやらせたくないです。逆上がりはどうして指導するのでしょう。諦めない心なら、他のことでもつくと思います」**というものでした。

花　ええー、そんな保護者さんがいたんですね。でも、何か簡単には否定しがたいというか、逆上がりが将来使わないのなら、その意見にも一理あるような……。

ふっくん先生　そうですね、あくまで使わないのなら、そうかもしれません。

花　正直、あまり使っていませんよね。

ふっくん先生　いえ、**逆上がりの力は毎日使っています。**

花　え！　ふっくん先生、逆上がりが趣味なんですか？

ふっくん先生　いえ、逆上がりは趣味ではありません。**正確に言えば、逆上がりの学習で学んだ「感覚」を、毎日使っている**のです。

花　感覚……ですか？

ふっくん先生　**逆上がりを行うためには、逆さ感覚、支持感覚、回転感覚などの運動の感覚が必要**です。それは、例えば、ベッドの下に落ちてしまったものを拾う時でも使っているのです。花さん、運動の感覚を意識しながらベッドの下からペンを拾ってください。

花　はい、えっと、まず身体をかがめて、目線が一定になるように身体を支えます。あっ、これが支持感覚ですね。そして、身体を少し傾けながら、手が入るように……。この辺りは回転感覚と少し逆さの感覚も入っている気がします。えい！　取れました！

ふっくん先生　どうですか、このような日常の動作の中でも逆上がりで学んだ感覚が常に生かされているのです。

花　確かに、よくよく考えてみるとそうですね。今まで当たり前だと思っていた感覚も、逆上がりで学んだものかもしれないんですね。

ふっくん先生　家事や育児などの場面を想像してみても、逆さ感覚、支持感覚、回転感覚は実に多く使われています。

花　生活のあらゆる場面で、そんな感覚は必要ですよね。

ふっくん先生　ですから、**逆上がりの学びは、将来毎日使うので、必要な学び**なのです。

花　そうか、これが生涯に必要な力……。

ふっくん先生　そうです。**授業で学ばせたい生涯に必要な力とは、このような「感覚」である**、と捉

えておくのは間違いではないでしょう。

逆上がりの指導では、逆上がりができることを目指すというよりは、このような感覚を味わい、習得できるようにすることがねらいです。もちろん、**技が完成すればそのような感覚は一番味わいやすい**ですが、**全員達成を求めて苦しい指導になるよりは、感覚に力点を置く**方が良いです。

花　図工とかでも全員完成を求めると、配慮を要する子など苦しい場合があるけど、感覚を味わうことが目標なら、達成が可能ですよね。あっ、そうか、これは全部の科目に言えるんだ！

ふっくん先生　その通りです。例えば、六年生の算数などで「これって、別に大人になって使わないよね」という声はあります。確かにその**一問一答は使わないかもしれませんが、その問題を解くために使った感覚、算数なら論理的な思考力などは、正にこのように話している時でも使われている**のです。

花　そうだったんですね、私の指導は、目の前の学習ができるようになることが全てでした。

ふっくん先生　もちろん、それも重要なことで、むしろ低学年などは**「考えればどんな問題でもできそう！」と思えるように指導をしていくと、基礎基本の習熟や意識の面でも、後々の学習に繋がっていきます。**ただ、一問一答や何かができるできないの後ろには、このような「感覚の育成」という課題があることを意識していくだけで、授業の質は大きく変わっていくでしょう。

花　そうですね、明日からの教材研究の視点も変わっていきそうです。

ふっくん先生　そこが**「点数を上げる」「試験に受かる」などを目的とする塾と、学校現場との違い**でもあります。これからの多様な教育の選択肢がある時代には、教師がまずしっかりと公教育のメリットを把握していきたいですね。

花　**学校のメリットは、「大人数で学べること」「生涯にわたって必要な感覚を学ぶことをゴールにしていること」**、ですね。

ふっくん先生　飲み込みが早いですね。

花　いえ、正直言うと、まだよく分かっていないし、何となくで言っちゃっています……。

ふっくん先生　すぐに分かる必要はありません。これから授業の進め方を見ていく中で、まずは心に置いてもらうくらいで大丈夫です。

花　安心しました。心のマイルーム宝箱にしまっておきます！

ふっくん先生　はぁ？　何ですか、それは!?

授業の目的は、生涯に役立つ感覚の育成。分かったような分からないような気分ですが、今までにない価値観をふっくん先生が与えてくれたのは確かです。みんなも、とりあえず、この考えは心のマイルーム宝箱に、しまっておいてくださいね。

さぁ、明日から、具体的な授業の進め方を聞きますよ！　ここだけの話、私の授業って、ボロボロです……。指導書通りにやっているけど、何かつまらない、すぐに終わっちゃう、子どもが飽きちゃう等々。「生涯に役立つ感覚」とか言ってられない惨状なんです。うぅ、がんばろ……。とにかくまずは、早く寝よう……。

☞指導のポイント

・授業は、一問一答が解けるようになることが、**目的ではない。**

・逆上がりの学習で学んだ**運動感覚は、毎日使っている。**

・一問一答を解いていく中で、**将来に役立つ感覚を身につけることが授業の目的。**

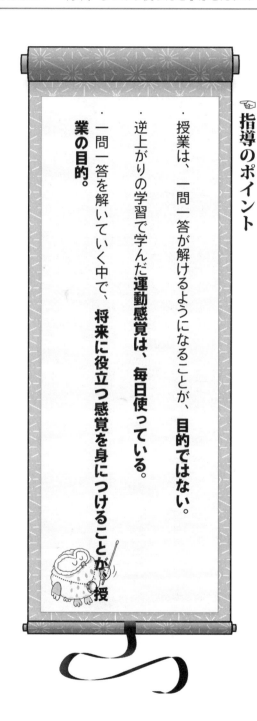

13 まずは、授業の「導入」を考えよう

昨日はいつもよりよく寝たら、とてもスッキリしました。身体の調子もいいけど、やっぱり気持ちが絶好調です。

花　よく寝るって、大事ですね。

ふっくん先生　そうですね。日本人は基本的に睡眠が足りていません。私は、七時間半は寝るようにしていました。どんなに忙しい時期でも、睡眠時間が六時間より少なくなることは、絶対に禁じています。

花　そこまで徹底していたのは何でなんですか？

ふっくん先生　教師は人間相手の仕事だからです。**人間は対峙する相手から、言葉以外にもその人の雰囲気を敏感に感じ取る生き物**です。ただし、そこに**誤解も生じやすい生き物**でもあります。だから、眠くて少し気怠そうにしていれば、子どもたちからは「私、何か良くないことをしちゃったかな」と思わせてしまうこともあります。

花　そうか、人間相手だと、自分の全身全霊が試されるんですね。

ふっくん先生　そうです。ですから、**指導技術はもちろん大切ですが、人間性も同じくらい大切**です。

指導技術と共に、魅力的な人間になる努力をしなければ、良い教師にはなれません。

花　そう言われれば、本当にそうですね。でも、人間性……、指導技術もまだまだなのに、人間性とかもうどうしたらいいか。

ふっくん先生　そう思えるなら、花さんは、大丈夫です。むしろ、そう思える花さんを維持するためにも、睡眠は大切なのです。単純に**よく寝るとパフォーマンスも格段にアップします**しね。

花　なるほど、まずは最高の自分でいきます。今日も、十時には寝ます！

ふっくん先生　あまり早すぎてもバランスが崩れてしまいますが、寝不足よりは、よっぽどいいですね。

花　今日は、いよいよ具体的な授業のことについて教えてください。

ふっくん先生　いよいよですね。前回は、授業の大きな価値について話をしました。少し抽象的な内容ではありましたが、今回は授業の組み立て方の具体的な話になっていきます。

花　ここからは、一つひとつ実践を学んでいく感じですよね。

ふっくん先生　学んでいきましょう。

花　……やっぱり、そうですよね。

ふっくん先生　何か奥歯に物が挟まったような感じですね。

花　いや、いろんな研修なんかに行って、すごい実践とかを聞いてはくるんですけど、実は私、あんまり使えてないんです。

ふっくん先生　どうしてですか？

花　うーん、何か真似をしてもうまくいかない時もあれば、私の感じと違うなぁ、私じゃできないなぁ、とか。誰かの実践を自分に置き換えることが苦手です。

ふっくん先生　なるほど。花さんは、自分の授業の型がまだ定まっていないことも原因の一つかもしれません。それがあれば、自分はブレずに、人の考えを入れ込むことができます。

花　授業の型？

ふっくん先生　花さんは、授業をどんな風に展開していますか。

花　ええと、まず常時活動をして、後は……指導書通りです。

ふっくん先生　今の説明で分かったのは、花さんの型は、冒頭の常時活動だけということですね。

花　ぎくっ！　型、って改めて言われると、全然定まってないです。

ふっくん先生　では、基本の型について、話していきましょう。まず冒頭の常時活動を抜かすと、**授業は大きく三つに分けられます。導入、展開、終末です。**

花　あっ、それなら指導案を書く時が、そんな感じでした。型って、そういう意味か。でも、聞かれてすぐ思いつかなかったし、そんなに意識できてなかったなぁ。て言うか、ほとんどノリで授業してます、正直言うと。

ふっくん先生　**その場の雰囲気に応じて、方法を変えていくことはもちろん大切**です。ただ、**それだけだと、できる子だけの独壇場になってしまうことがある**ので、しっかりと教師が授業をデザインしなければなりません。

花　確かに、そんな感じになってしまっていることがあります。授業は流れるけど、苦手な子たちが置き去りにされているような。

ふっくん先生　**できる子だけが活躍する教室では、次第に子ども間のパワーコントロールが難しくなり、学級の荒れに繋がります。**

花　ううう、怖い。まず、導入、展開、終末ですね。よし、これを意識しよう……。ええっと、まず導入？？

ふっくん先生　そうですね、では今日は導入について考えていきましょう。**導入は、授業へのきっかけ作り**です。

花　導入って、最初に考える問題を書くところですよね……。

ふっくん先生　では逆に花さんに質問しますね。子どもたちは何故、**花さんが書いた問題を解かなければならないのですか？**

花　え？？　えええ？？？

ふっくん先生　例えば、**突然、今、私が52×11と問題を出したら、花さんは解いてくれますか？**

花　え、どうしても、って言うなら……。まあ、ちょっと面倒くさいですけどね。

え、でも、ほら、今は授業中じゃないし。授業中は勉強する時間だから。

ふっくん先生　じゃあ、授業になれば、みんな勉強が大好きになるんですね。花さんも、授業になれば52×11を全力でやる気になると。

花　……そんなことはないです。え、導入って……。

ふっくん先生　そうです、その**時間の課題をいかにやりたいと思えるようにするか、というのが導入です。**

花　……ショックが大きすぎます。今まで、ほとんど問題を、何も考えないですぐに出してしまっていました。

ふっくん先生　もちろん、**問題そのものに力がある時や、前の続きや発展などの時には、そのまま提示することもあり**でしょう。ただ、そうでない場合、例えば、今提示している**52×11に急にモチベーションを発揮できるのはクラスの限られた子**ではないでしょうか。

花　仰る通りで、ぐうの音も出ないです。ぐう。明日から、そのことをちゃんと意識したいです。でも、どうしたら、みんながこの問題を学びたいってなるんだろう……。すぐには、なかなか想像できないです。

ふっくん先生　**問題の特性やクラスの実態で、どのように興味づけするかは考えた方がいい**と思います。ただ、**困った時の鉄板**を示しておきましょう。それは**「隠す」こと**です。

花　隠す？

ふっくん先生　例えば、**国語の俳句で「夏休み　退屈そうな　〇〇〇〇〇」。**このように〇部分を隠して、考えさせるとどうでしょう。

花　確かに、これは考えたくなる！　えっと、なんだろう。「夏休み　退屈そうな　体重計」。ついつい夏休みだとダイエットも夏休みになりましたよー、みたいな。

ふっくん先生　面白いですね。正解は「夏休み　退屈そうな　ランドセル」でした。ただ、ここは**正解を求めるよりも、いろいろな答えから、俳句の世界の面白さを味わう展開**が良いですね。

花　なるほど、これ面白いです！　ただ俳句が提示されて考えるよりも、何倍も楽しい授業になる気がします。

ふっくん先生　他の科目でもこの「隠す」は有効です。算数なら、これはどうでしょうか。**「52×?」**

花さんは、？の部分に何が入れば嬉しいですか？

花　うーん、0かな。答えは、0。

ふっくん先生　そうですね、他には？

花　1も簡単です。答えは、52。

ふっくん先生　さすがにもう簡単なのはないですよね？

花　10も簡単ですよ。520です。

ふっくん先生　これ、実は52×11だったんです。

花　もう答えが分かります！　52と520を合わせて572ですね！　かけ算の法則で解いちゃいました、花ちゃん天才！

ふっくん先生　ということですよね。先ほど52×11の問題を出した時には、「ちょっと、面倒くさい」という感想でしたが、今度はどうだったでしょうか。

花　気持ち良かったです！

ふっくん先生　52×11の11を、？で隠すことで今までの問題とは違う感覚で楽しむことができました。

花　見事にだまされ……。いや、楽しめました！

ふっくん先生　他にも、社会や理科の授業では、**資料を隠して提示するなどは、単純ですが、鉄板の導入として使うことができます。**

体育では、例えば、**マット運動のお手本の子の前転の演技を、助走と最後の立ち上がり以外は布で隠す、その布の中で何が起きているのか想像させることで技のポイントを考えることができる**というものがあります。

花　すごい！　**隠されると、考えたくなっちゃいます。**

ふっくん先生　人間の心理をしっかりと突いてる……。

花　もっと言うなら、校外学習の前に、**『よ○○』を大切にしよう」、と提示**すると。

ふっくん先生　よういよ、よかん、よそう、よこく、よいこ、……。何となく答えさせただけでも、いろんな指導に繋がるかも！　**どんな時でも、興味を持たせたい場合「隠す」は使えます**ね。

花　納得してもらえて良かったです。

ふっくん先生　「よーし」この「よいん」を大切に、明日の授業の「ようい」をしよう。もう「よふけ」だ。「よめい」を大切にするために早く準備して「よーく」寝るのもがんばるぞ。「よなか」は当然、爆睡だ。

興味を持たせるためには『隠す』が鉄板

そんな「よてい」です。「よよよ」っと。

ふっくん先生　……花さん、こういうの好きですね。

☞指導のポイント

・授業は、**「導入」「展開」「終末」で構成する**ことが基本。

・導入では、課題に向かうための**きっかけ作り**が大切。

・興味を持たせるための鉄板は**「隠す」**こと。

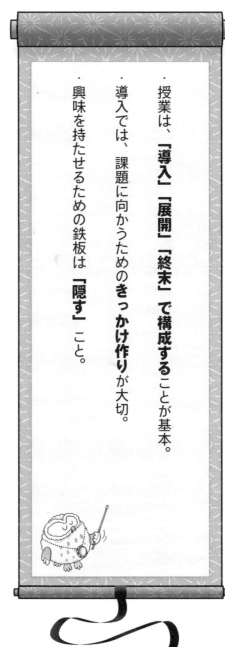

14 いよいよ授業もメインどころ！「展開」の1

授業の基本は、導入、展開、終末の三部構成であることを、教わりました。**導入は、いかに子どもたちが学習したくなるか、その動機づけをすること**が重要でした。

花　導入の意味を知って、授業の本当の在り方が分かったような気がします。

ふっくん先生　当然、学校は勉強をするために来ているのですが、だからと言って、**「じゃあ、お勉強しましょう。やる気十分が当たり前ですよね」とはいかない**んですよね。

花　そうですね。でも、子どもの気持ちになる、というのは思った以上に難しいですね。

ふっくん先生　大人と子どもの違いを意識しながらも常に自分に置き換えたり、子どもたちの実態や取り巻く環境を総合的に捉えたりなど、多角的な考えが必要になります。難しいですが、子どもたちを主体的にしたいと思ったら、まずは教師の力で主体性の芽を出させてあげなければなりません。

花　主体性の育成ということは、最近よく聞きます。まずは、先生の力で主体的になる体験をさせてあげることからのスタートということですね。

ふっくん先生　その通りです。**毎日ある授業でそれをできる限り実現していくことで、「教科を教える」のではなく、生涯にわたって必要な力を「教科で教える」ことになる**訳です。

花　そこに繋がってくるんですね。やっぱり、教えるからにはそんな感じで、生きていくのに役立つことを教えられる先生になりたいなぁ。

ふっくん先生　そうですね。ただ、バランスも大切で、当然、教科の知識がなければ先の学習につまずいてしまいますし、まだまだ学歴社会であることも意識していかなくてはならないのです。

花　うぅ、バランス難しい。

ふっくん先生　バランスを取るのは難しいことです。逆に、**どこかに極端に寄ることは意外と簡単なことなのです。**例えば**「もう死んでやる」などの発言は思い切っているようで、厳しいことを言えば死という極端な言葉を出すことで責任を回避している**とも言えます。それよりも、苦しい現状と死との間にうまく居場所を見つけて**バランスを取ることが、真に自立した人に求められる**ことです。

花　道徳的な話だぁ。でも、そうですよね。何かの正解があればすごく楽だけど、現実ってそんなに簡単に割り切れるものじゃないし……。私も不安定でもバランスを取ることを目指すかっこいい大人になります！　一輪車とか得意だし！

ふっくん先生　では、今日も授業について学んでいきましょう。もちろん、私が話す技術に対する反対の意見もあると思いますが、花さんが自分自身でバランスを取ってもらえることを期待していますよ。

花　分かりました。ダイエットでバランスボールもやってるので、安心してください！　今日は、展開の部分でしたね。

ふっくん先生　そうです。導入の部分でしっかりと子どもたちの心を引きつけたら、その導入から本時の課題を設定します。そして、その課題をクリアするために問題を解くこともあるでしょう。

花　**問題を解くことが目標ではなくて、あくまで問題は課題をクリアするための手段として設定する**ということですね。

ふっくん先生　その通りです。ですから、その流れの元になる導入はより重要であることが分かりますね。

花　導入からの課題設定も難しそうです。

ふっくん先生　始めは少し強引になってしまうこともあるかもしれません。ただ、**導入からの自然な子どもたちの気持ちに寄り添うことを忘れないように、子どもたちの多くがクリアしたいと思える課題に導く**ことを大切にしたいですね。

花　頑張ってみます。

ふっくん先生　一朝一夕では難しいと思いますが、繰り返すことで確実に技術は上がっていきます。教師によっては、この辺りまでが導入とする人も多いです。

花　その後の問題を解く時には、具体的にはどんな流れになりますか？

ふっくん先生　**見通しを立てる→一人で考える→考えたことをアウトプットする→全体で確認する→一人で練習問題を解く**、といった流れになります。

花　最初の「見通しを立てる」というのは何ですか？

ふっくん先生　これは**問題を解くための方向性をある程度、示したり発表させたりする**活動です。これがないと問題を解く時に**さっぱり分からず時間を無駄にしてしまう、いわゆる「這いまわる子」が多くなってしまいます。**そもそも、これがなくて、**「さあ、解いてみよう！」で解けるなら問題にする**

必要はあまりないかもしれないですね。

花　でもそうは言っても、例えば、算数とかだったら、この段階で答えが出てしまうかもしれません。

ふっくん先生　それでもいいです。

花　え？

ふっくん先生　ほぼ答えが出ている状態でもいいです。ただ、**答えが出ているだけでは分かっていることにはなりません。**

花　確かに、どうしてそうなるかとかが分からないと。

ふっくん先生　そうです。**答えはさほど重要ではなく、理由が分かって、汎用的に解けることが重要**です。そのためには、その理由に目を向けさせるのも良いです。

その中で、さっぱり分かっていない子もいると思うので、分かっている子たちに分かりやすい説明を考えることに挑戦させてもいいかもしれないですね。**「多くの人が答えを3だと言ってるけど、よく周りを見てごらん。よく分からなくて不安な顔をしている人や、何となく3と言っている人もいる。また、分かっている人もどうして3なのか、分かりやすく説明できればより頭が賢くなる。今日は、答えの理由を探すことでも、学んでいこう」**という感じの投げかけになるでしょうか。

花　**答えが分かってしまっても、むしろそこから学習が始まる**んですね。

ふっくん先生　そうです。また学校で、**大人数で学習するメリットを最大限に生かすために子どもたち自身が持つ「一人も見捨てない」という考えが重要**になります。誰かに説明して、**分からない子を分かるようにしてあげたい、クラス全員で成長したい、というモチベーションがあれば、より答えより**

プロセスに目が向きます。

花　言いたいことは分かるんですけど、それはすごく実現の難しい理想論にも聞こえちゃいます。

ふっくん先生　それが理想論とならないように上越教育大学の西川純先生は、学び合えるクラスになるように次のような語りを用意しています。**「この授業で一番大事にすることは全員が課題（目標）を達成することです。そのために出来ることをしましょう。一人を見捨てるクラスは、二人目を見捨てる、そして、三人目を見捨てる。四人目は君かもしれない。絶対に見捨ててはいけない」**。これは「一人で練習問題を解く」場面でも活用できる**「学び合い」という活動で特に重要な語り**です。「学び合い」については、花さんがクラスを作っていく上でも大切な活動になる可能性が高いので、次回じっくりと説明します。

花　西川先生の語りは迫力がありますね。

ふっくん先生　この「一人も見捨てない」については、**見捨てない側（教えてあげる側）にこそ、大きな利益がある考え方**なのです。まあ、その辺りは次回にじっくりと。

では、展開の概要に話を戻しましょう。「見通しを立てた」後は、「一人で考える時間」を作ります。

花　難しい問題でも一人で考えるんですか？　難しかったら、ペアとか、グループで考えたいなぁ。

ふっくん先生　その前に見通しを立てていることで「這いまわる子」が出ることは少なくなっているはずです。この**一人で考える時間があることで、自分の考えを持って、その次の「考えたことをアウトプットする」に向かうことができます。**そもそも、この**一人で考える時間も、大切なアウトプットの時間**でもあるのです。授業では**主体的にアウトプットをすればするほど学習内容は定着**します。

花　一人で考える時間がアウトプットなんですか？　アウトプットって、手を挙げて発言するとかのイメージがありますけど。

ふっくん先生　**ノートに書くこともアウトプット**になり得ます。もっと言えば、**自分自身と対話をすることもアウトプット**です。特に**大人しい子にとって、この一人の時間を確保してあげることは大切**です。その後の時間では、他の子に気を遣って自分の考えを出力する機会がないかもしれません。

花　**書くって、インプットだけでなくアウトプットにもなる**んですね。

ふっくん先生　そうです、ですから話は少し逸れてしまいますが、メモをするということはとても大切なことでもあります。私は**朝の会や帰りの会では連絡帳にメモをすることを推奨**していました。

花　もちろん、私もふっくん先生の話をメモしながら聞いていますよ！　これを読んでいる皆さん

メモをすることで，
インプットとアウトプットが同時に可能になる

は、**この本に書き込んだり、線を引いたりするだけでも学びが加速**するかもしれませんね。

ふっくん先生　これを読んでいる皆さん？

花　え、私、何か言いました？

ええと、それで一人で考えて、ある程度自分の考えがまとまった上で、「考えたことをアウトプットする」「全体で確認する」のパートになるんですね。

ふっくん先生　そうです、ここで、隣同士やグループで考えをアウトプットしたり、全体で答えを確認したりします。初めのうちは**「まず右の人から一分、その後左の人が一分、話しましょう」や「分からなかった人から一分、次に分かった人が一分、話しましょう」「右回りに一分ずつ」など型を決めてあげる**と、苦手な子も話す機会ができます。

花　**聞いているだけでも勉強になると思うけど、話すとより自分事になりますよ**ね。

ふっくん先生　そう。**授業を子ども自身の「自分事」にしてあげることが大切**です。

花　ぬいぐるみのふくろうに、指導方法を教えてもらっているこの現実は、とても自分事とは思えません。

ふっくん先生　現実は小説より奇なり、ですね。

☞指導のポイント

・**子どもに寄り添った課題設定**をする。（問題は課題クリアの手段）

・問題は、**「見通しを立てる→一人で考える→考えたことをアウトプットする→全体で確認する→一人で練習問題を解く」**の流れで、解いていく。

・**書くこと**も、大切な**アウトプットの機会。**

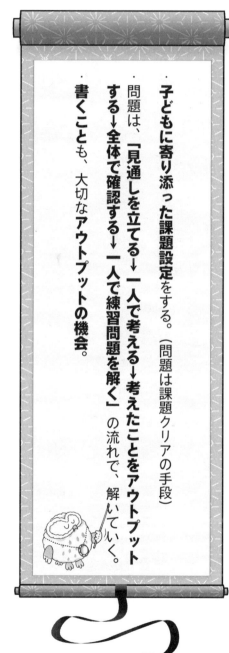

15 授業で学級を作るためには「学び合え」！「展開」の2

花　**授業とは、導入、展開、終末の三部構成**でした。

ふっくん先生　はい、そして、展開の中の問題を解くための概要は、見通しを立てる→一人で考える→考えたことをアウトプットする→全体で確認する→一人で練習問題を解く、でしたね。

「全体で確認する」のパートは、「考えたことをアウトプットする」パートでアウトプットが効果的なものになっていれば、シンプルでいいと考えています。

今日は、「一人で練習問題を解く」の部分をメインで考えていきましょう。

花　算数などでは、授業の最後に学習の習熟を確かめるために、一人で練習問題を解く時間がありますね。確か、前回ふっくん先生は**「学び合い」**ということを言っていましたね。これが、私の学級経営にとってとても重要な活動になりそうということも。

ふっくん先生　そうですね、順を追って見ていきましょう。まず「全体で確認する」まで終わったら、最後はそれがしっかりと個人に落ちているか確認する「一人で練習問題を解く」の部分です。

花　ちょっと待ってください。そもそもの話なんですけど、この話は国語や算数の授業ということですか。

ふっくん先生　**まずは、国語や算数でイメージしてもらうのが分かりやすい**かもしれません。ただ社会や理科でも、「教科で教えた」力を確認する上で演習を入れることも多くあります。体育や図工では、アウトプットの形が運動や作業ということにはなるかもしれないですし、それぞれに割く時間は大きく違ってきますが、**この授業の流れを基本でイメージすると、授業展開も考えやすくなります。**

花　**どの授業も、「教科で教える」ということは同じ**ですもんね。

ふっくん先生　そう、**常にどの教科も「教科を教える」のではなく「教科で教える」ということ**です。

花　話が逸れてしまって、ごめんなさい。でも納得です。

ふっくん先生　では、「一人で練習問題を解く」に話を戻します。花さんは、子どもたち個人個人に練習問題を行わせる時に、何か困っていることはありますか？

花　うーん、そうですね。やっぱり算数とかだと、一人で練習問題を解くときに**すごく習熟度の差があって、早く終わってしまう子はすごく早くて、よく分かっていない子のフォローが結局間に合わなくなってしまいます。**早く終わった子が落ち着かなくなってしまうので、追加のプリントなども用意していますけど、それに対しても丸付けなどの時間も出てきてしまうし……。

ふっくん先生　そうですよね、その習熟度の差は全体指導では花さんが言うようにデメリットになりがちです。しかし、これから伝える**「学び合い」という手法を使えば、習熟度の差はメリットにしかなり得ません。**

花　そんな魔法みたいな指導方法が……。

ふっくん先生　あります！

花　是非、教えてください！

ふっくん先生 「学び合い」とは、上越教育大学の西川純先生が提唱している活動です。詳しくは西川先生のご著書を読むと良いと思いますが、今日は概要を伝えます。**簡単に言うと、早く終わってしまった子が、まだの子を教えるという活動**です。

花 **ミニ先生**ということですか？

ふっくん先生 そうです。西川先生は、それがうまくいく方法を提唱しています。

花 ミニ先生がうまくいく方法ですか……。実はそんなにうまくいくイメージがなくて。

ふっくん先生 そういう印象もあるかもしれません。どの辺りがうまくいかなそうですか？

花 やっぱりミニ先生がうまく教えられない、というか、**答えだけを言って終わってしまう**という感じです。

ふっくん先生 それがミニ先生の失敗パターンですよね。そこで、**前回の語り「一人も見捨てない」が重要**になってきます。答えだけを伝えてしまうことは正に見捨てていることに他ならない、ということです。「算数ではあなたはよくできるかもしれないけど、国語や道徳、学級の話し合いの場面では、あなたが切り捨てられてしまうかもしれないですよ」と。

花 うん、分かります。分かるんですけど、ただ小学生段階のできる子って、すごく色々オールマイティーにできるということもあるんじゃないかなと思います。だから「俺は別に切り捨てられても一人でやっていけるし」という感じになってしまう子も出てきてしまうんじゃないかと……。

ふっくん先生 そうですね、確かにこれだけでは語りとしては不十分です。**学び合いの活動とは、教える子にこそメリットがあることを強調しておきたい**です。

花　教わる子の方が、メリットが強いのではないんですか？

ふっくん先生　確かに、教わる子も分からない問題が分かる、という大きなメリットを享受できます。ただ、**教える子が、本当に分からない子を分かるようにさせるには、その単元の体系的な理解が必要**になってきますし、**相手意識や言葉の選択など、広範囲にわたる能力が試されます。**これは、正に、**単元の学習を越えた生涯に必要となる力**です。

花　教えるって、思った以上に難しいですよね。それができるようになれば、すごく力になりそう。

ふっくん先生　**「一人も見捨てない」ことで、自身の力をも最大限に高めていけると知れれば、本当に賢い子は動き出します。**

当然、うまく教えることができれば感謝もされます。**教える子がクラスを引っ張る子であれば、リーダーシップを磨くことにも繋がります。**

花　いいことばかりですね。**習熟度が高い子も更に先の学びがある。**

ふっくん先生　その通りです。「一人も見捨てない」ためには、分かっている子の動きが大切です。分かっている子たちの輪を、どんどん広げていく必要があります。ですので、塾などで先行学習していて何となく分かっている子はクラスのプラス要素になるのです。そんな子たちがいることで、今までは教師しかフォローしていなかった苦手な子たちが多く救われます。

花　**塾に行ってる子も、退屈している暇なんてない**ということですね。

それにしても、私は今まで何人の子を見捨ててしまったか……。

ふっくん先生　それに気づいている花さんは立派です。**学び合いをすることにより、思わぬ苦手な子が**

明らかになることもあります。それも含めて花さんのクラスであり、**お互いの得手不得手を本当に認められるようになれば、子どもたちはより豊かな人間関係を経験することができる**でしょう。

花　今までは隠れていたものが出てくるんですね。何か怖い気もします。

ふっくん先生　**教師も子どもたちも今まで隠れていたものと、しっかり向き合う必要があります。**うまくできない子への心ない発言、無関心などが学び合いを行うことで如実に表れるかもしれません。でも、それは今までも水面下で起きてきたことなのです。

花　私が気づけなかったり、隠れて起きていたりしたことが、はっきりしてくるということですね。怖いけど、でも、学び合い、早くやってみたいです！　学び合いを、絶対絶対成功させるスーパーテクニックを教えてください。

ふっくん先生　絶対絶対成功させるスーパーテクニック……。なかなか、そこまで言い切ることはできませんが、学び合いをする上で有効な声かけが一つあります。これは西川先生の考えではなく、私自身の実践で得た肌感覚ではありますが。

花　知りたいです！

ふっくん先生　**「ちょうどよいヒントを伝えよう」の声かけ**です。

花　「ちょうどよいヒント」!?

ふっくん先生　まず**答えを言ってしまうのは、ちょうどよいヒントではない**ですよね。一方で、**教わっている子が全くたどり着けないような説明もちょうどよくはない**です。**教わっている子のエンジンが掛かって、一歩目を自力で踏み出せる**くらいが、ちょうどよいヒントなのです。

花　「ちょうどよいヒント」という言葉も、ちょうどよい！

ふっくん先生　**「ちょうどよいヒント」という共通言語があるだけで、答えを教えてしまう子は少なくなります。**また、周りで聞いている子などからも「それ、ちょうどよくないよ」という助言が出ることもあります。

花　なるほど、なるほど！

ふっくん先生　学び合いの最中は、教師は全体を見ながら、「ちょうどよいヒント」をあげている子を探すといいでしょう。**初めのうちは、そのような子をどんどんと取り上げて全体に共有をする**と、「ちょうどよいヒント」の質がどんどんと上がっていきます。

花　先生も休んでいられないんですね。

ふっくん先生　そうです、むしろ**学び合いの最中はクラスの本当の姿が出ることが多い**ので、注視することでクラスの強みや課題が分かるでしょう。

分かっている子ほど，
更に賢くなれるのは学び合い

花　よーし、明日から早速**「一人も見捨てない」「教える子こそ学べる」「ちょうどよいヒント」**を語って、バリバリ学び合っちゃいます。

ふっくん先生　ちょっと待ってください。実は、この**学び合いは、こだわりが強い子との相性はよくありません。**誰かに声を掛けられて教えられるのを頑なに拒む子もいます。そんな子のために、教わらない自由もしっかりと確保する必要があると私は思っています。**「どうしても教わりたくない子は、机の上に消しゴムを立てておいてね」**と言っています。

花　そうしたら、みんな消しゴムを立てちゃいそうです。

ふっくん先生　ですので、**その前に、ちょうどよく教わることのできる良さを強調して伝えます。社会人になっても聞き上手は得**ですよね。

花　そうですね、**何か聞きづらい場面でも、サラッと気持ちよく質問できる人は素敵**だなと思います。そうか、教わる方にはそんなメリットもあるのか。

ふっくん先生　その通りです。それに、**個人の能力だけでなく、学級集団としての成長も見込めるのも、学び合いの特徴**です。

花　学び合い、万能過ぎる！

ふっくん先生　まずは試してみてください！　では、明日も早いですし、早く寝ま……うっ！

花　！　ふっくん先生大丈夫ですか!?　え！　ふっくん先生の足が薄く……消えかかってる!?

ふっくん先生　な、なんじゃこりゃー！

☞指導のポイント

・**「学び合い」**は、授業で学級経営を行うために、重要な活動。
・学び合いのキーワードは、**「一人も見捨てない」「教える子こそ学べる」「ちょうどよいヒント」**。
・消しゴムを立てることで、**一人で考える自由も確保**する。

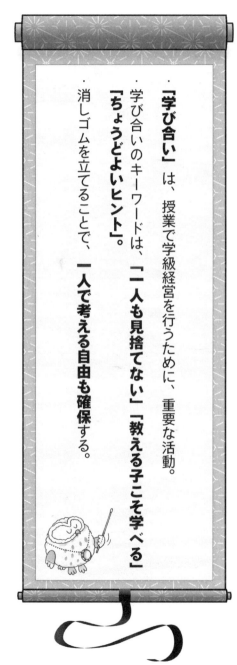

16 授業の最後、「振り返り」はどうしましょう

ふっくん先生に、授業や学級経営で重要になりそうな「学び合い」の活動を教えてもらったことで、また少し光が見えたような気がしました。

ただ、緊急事態です！　何故かふっくん先生の足が消えかけて薄くなっています！

花　大変です！　ふっくん先生の、もふもふの足が消えかけて、薄くなっています！

ふっくん先生　こ、これはどうしたものか……。

花　あっ、元に戻りました！　……どういうことなんでしょうか？

ふっくん先生　全く分かりません。とりあえずは、今は身体の不調もないですし、元の状態には戻ったようです。

花　もしかして、私が、教育について結構学んできたからじゃないですか！　私、すごい先生になりかけている気がするんですよ！

ふっくん先生　いや、それはありません！　**今まで花さんに伝えたことは、教師の「き」の字の一画目をほんの一ミリ書き出したくらいのもの**です。

花　ええ！　そんなにキッパリと！　まだ、「き」の字の最初の一ミリなんですか!?

ふっくん先生　そうです。それだけ教師の道は奥深いということです。また、知識を知っただけで、試しもせず、分かったつもりになることが一番危険です。

花　ドキッ。でも、それならどうして、ふっくん先生は消えかけていたんでしょう。私が立派な教師になったら成仏できるのだと思っていたけど……。

ふっくん先生　どうやらそうではないのかもしれませんね。もしかしたら、私は本来成仏すべきところを無理やり現世に戻ってきた状態なのかもしれません。未練から現世にいるのは異常なことで、本来あるべき場所に戻ろうとする反応だったのかもしれません。

花　えええ！　天国に戻るってことですか!?　それはさすがに突然過ぎます！　でも、ふっくん先生が成仏できるなら……。でも、私はまだまだふっくん先生から教わりたいし、それにふっくん先生も弟子を育ててからでないと、未練が残っちゃうんじゃ……。あれ、でも成仏するから大丈夫なのかな？？

ふっくん先生　とりあえずは、身体が元に戻ったということは、すぐに成仏することはなさそうです。ただやはり、この状態でぬいぐるみから魂が消えても、未練が残ったままでは本当のお化けになってこの世をさまようことになるかもしれません。

花　それ、一番良くないじゃないですか！　ど、どうすればいいでしょうか!?

ふっくん先生　幸い、まだもう少しだけ花さんにお話しすることはできそうです。ただ、あまり時間がないと考えて、色々と伝えていきます。まずは、授業の概要のラスト、終末部分を整理していきましょう。

花　うう、すごい急展開！　とにかく、頑張ります。私は立派な教師になって、ふっくん先生の弟子になるんですから！

ふっくん先生　花さんの前向きな姿を見ていたら、今、成仏しても良い気がしてきました。

花　今すぐは、困ります！　さぁ、終末を教えてください。

ふっくん先生　はい、では、いつも通りいきましょう。

終末とは、導入の部分で設定した課題に対して、答えになるパートです。例えば「物語の前と後で主人公の変容を考えよう」なら「主人公は〇〇というところが変わった」、「三角形の面積の求め方を考えよう」なら「底辺×高さ÷2で求めることができる」など導入の課題としっかり対応した答えであることが大切です。

花　これは、展開部分で問題を解いている時の「全体で確認する」の部分で押さえることではないんですか？　そうでないと、練習問題がやりづらいと思うし。

ふっくん先生　そうですね、**課題の答えと練習問題で必要な知識が重なっている場合、例えば先ほどの三角形の公式などであれば「全体で確認する」部分で押さえていい**と思います。

一方で、「物語の前と後で主人公の変容を考えよう」などの場合には例えば比喩表現がその手掛かりになりそうであれば、「全体で確認する」部分では比喩表現の在り方についてまとめ、その後に演習を行い、それら全てを用いて主人公の変容を考えることになります。

花　算数では、演習前にまとめることも多そうですね。ただ、算数のまとめる時がなんか苦手なんです。

ふっくん先生　苦手というと？

花　**公式にまとめる時とか、もうこっちで教えちゃう感じになってしまって。**できるだけ子どもたちの言葉で公式にまとめていければいいと思うんですけど。

ふっくん先生　そんな時には、筑波大学附属小学校の算数科教諭であった細水保宏先生の言葉かけが、とてもよく効きます。

花　これは、すごい予感！

ふっくん先生　その言葉かけとは**「たまたまでしょ」**です。

花　たまたま？　あー。ポケモンですね！

ふっくん先生　ポケモンではないです。

例えば、一つの方法で問題を解き、次の問題でも同じ解法の仕方になったとします。その時に**「一つ目の問題と二つ目の問題は、偶然同じ方法で解くことができた気がしたね。すごい奇跡だ！　まあ、たまたまでしょ」**というように話すと、子どもたちは**「たまたまじゃない！」**と三つ目や四つ

たまたまでは
ないです！ だって…。
この三角形の
内角の和は，
たまたま
180度に
なりました。

『たまたまでしょ』と極端に振り切ることで
子どもたちは話しだします

目の問題にその方法が当たるかどうか試します。

そのようにしていく中で、**「たまたまじゃないなら、一体どんなことが言えるんだろう」と投げかけると**、子どもたちがまとめを言語化してくれます。

花　なるほど、子どもたちの反骨心を出させて、多くの事例に当たらせるんですね。

ふっくん先生　そうです、子どもたちは反骨心を発揮する時ほど、様々な言葉を話します。ですから、**教師がしっかりとすっとぼけることが必要**なんですね。教師があまりにも逆のことを言うので、普段はあまり目立たない子もついつい**「たまたまじゃない、だって……」とみんなの勢いに釣られて言葉が出ればしめたもの**です。**「今、〇〇くんが、キーワードを言ってくれたけど」と活躍の場を作ることができます。**

花　そうか、ちゃんとした文のまとめじゃなくても、沢山言葉が出る中でキーワードを繋いであげれば子どもたちのまとめになるんですね。

ふっくん先生　低学年のうちはそれでいいと思います。しっかりと全員が主体的に参加できるように、多くの子の言葉を拾っていきたいものです。

花　なるほど〜。

ふっくん先生　また細水先生はこれとは逆に**「いつもそうなるんだね」**という言葉もよく使われています。**ほんの少しの事例で満足したり、先行学習を鵜呑みするようなことがあったりした時に子どもたちに揺さぶりをかける言葉かけ**です。

花　**あえて、先生が極端に振り切る**というのは面白いですね。これは演技力が試されますね。安心してください、私にピッタリです！

ふっくん先生　それは良かったです。ピッタリだと思っていました。

花　終末には、今言っていたまとめ以外にも、振り返り……みたいのをしませんか？

ふっくん先生　そうですね、**授業の最後に振り返りを行うことで、子どもたちは自分が課題に対してどのように取り組むことができたのか、フィードバックすることができます。**

花　これが、またうまく書かせることができないんです。**なんか「今日は○○を知ることができました」みたいなものを無理やり書かせているような気さえ**してしまって……。

ふっくん先生　そうですね、それだと今まで話していたまとめと、さほど変わらなくなってしまって意味が薄くなってしまいます。私はここでの**振り返りでは、授業を受け終わっての感情を書く**ように伝えていました。

花　嬉しいとか、悲しいとかですか？

ふっくん先生　そうです、授業で**一番心が動いたシーンが後々までその子に残ると思っている**からです。課題に対して、できて嬉しいのであればどの辺りがそう思わせたのか、できなくて悔しいのであれば次は具体的に何から取り組むのかを考えさせることで、振り返りは次の授業や生活に繋がるものになります。

花　「特に何も思いませんでした」という振り返りの子はどうしたらいいでしょうか？

ふっくん先生　心が動かなかった理由について考えていくことで、その子が自身を考えるきっかけになればいいです。ただし、あまりにもそのような感想が多い場合には、導入などの仕掛けで教師側がうまくいっていないこともあるので改善していかなくてはいけません。

花　**感情を書かせることで、先生としても子どもたちの本当の学びが把握できる**んですね。これも何だか怖いけど、ちゃんと向き合うことで、前に進んでいかなきゃ、ですね。

ふっくん先生　その通りです。水面下で隠れているものがネガティブなものでも、花さんと出会ったことで表出されるなら、それだけでもとても意味深いことです。

花　よし、やってみます！　これで、授業の概要は分かったつもりです。

ふっくん先生　導入では、**子どもが授業に向かいたくなる動機づけ**→**課題の設定**。

展開では、見通しを立てる→一人で考える→考えたことをアウトプットする→全体で確認する→一人で練習問題を解く、でした。特に、練習問題を解いている際などでの**「学び合い」**の活動は、学級の価値観を変えることのできる活動でしたね。そして、**終末は、まとめと振り返り**です。

まとめでは、導入で設定した課題の答えになるように、振り返りは感情が大切です。

花　単元や科目で、変わることはあると思うけど、この基本の型があれば、バリバリ教材研究が進みそうです。

ふっくん先生　そうですね、もちろんこの型にこだわることはないです。むしろ、どんどん、この型をはみ出して挑戦していくべきだと考えます。

花　私は、やります！

ふっくん先生、足とか消えたり出てきたりで、怖いと思いますけど安心してください。私が無事、いい感じであの世に送り込みますからね！

ふっくん先生　あの世に送り込む……花さん、とても堅気ではないですね。でも、ありがとう、嬉しいですよ。

☞指導のポイント

・授業の終末の**まとめでは、課題に対する答え**をまとめる。

・子どもたちが話し出すキーワードは**「たまたまでしょ」「いつもそうなるんだね」**。

・**振り返りは、感情を書かせる**ことで学びが明らかになる。

17 授業を面白く学び、深くするためのネタいろいろ

授業の何となくの流れが分かりました。こうなると、教材研究も見通しが持てて、とても充実したものになりそうです。**どんなことでも、初めはまずしっかりとした「型」が大切なんだ**と、改めて思いました。でも、ちゃんとその型を破る努力もしていきたいです。いつかは、オリジナルの自分の型が確立できたら、と夢が膨らみます。そうです、私は、今、燃えています！

花　ふん！　ふん！　ふん！

ふっくん先生　どうしたのですか、牛の真似なんかして。

花　ふっくん先生、これは牛の真似じゃないです。やる気に満ち溢れている音です。

ふっくん先生　やる気に満ち溢れている人はそんな音がしていたのですね。長く生きてみるものです。

花　嫌だ、ふっくん先生ったら！　ふっくん先生は、生きてないですよ！

ふっくん先生　いや、でも、こうしてぬいぐるみになっていますし……。

花　まあまあ、生きてるか死んでるかなんてどうでもいいじゃないですか！　今日も、宜しくお願いします！

ふっくん先生　私もそのように達観できるように頑張ります。さて、今日はどんなことを話していきま

しょうか？

花　前回までで、授業の価値観や大まかな流し方を教えてもらいました。後は、**必殺技**が沢山ほしいです。

ふっくん先生　必殺技とは？

花　こういう場面ではこうするといいですよ、みたいな指導技術です。うーん、例えば、授業中にもう子どもたちが疲れてしまって飽きてしまってどうしようもない時はこうするとか。

ふっくん先生　なるほど、場面は限定されるかもしれないですが、**持っておいた方が良い技術**ということですね。

花　そうです、すごい先生はそんなストックを沢山持っている気がします。私も備えておきたいんです。

ふっくん先生　ハウツーだけに偏ってしまうのも困りものですが、確かに花さんにはそのようなテクニックはあまり伝えていない気もします。では、まず、さっき言っていた、**授業中にもう子どもたちが疲れてしまって飽きてしまってどうしようもない時の対処法**です。

花　まさか、そんなピンポイントな方法もあるなんて！

ふっくん先生　もちろん、あります。**子どもたちを立ち歩かせればいいんです。「なるべく遠くの友だちに意見を伝えてこよう」とか「クラス全員のノートをざっと眺めて戻ってきてね」など**です。**少し立ち歩いて友だちと話をするだけで、雰囲気が大きく変わります。**では、解決ですね。次の困っていることは何でしょう？

花　あら、どんどん行きますね。

ふっくん先生　今回はストックする指導技術ということで、数で勝負しましょう。**もし、詳しく知りたいことがあったら、この本を書いている人にメールしてみるのもいい**ですし（jetatsumi@yahoo.co.jp）。

花　この本を書いている人？　何を言っているんでしょう。変なふっくん先生ですね。
では、どんどん行きましょう。授業で、**子どもたちに説明させる場面があると思うんですけど、よくできる子でもなかなか難しい**です。どうしたらいいですか？

ふっくん先生　これは子どもたちに**説明の型を与える**といいです。**説明の型とは「まつだくん」です。**
(ま)……まず、(つ)……つぎに、(だ)……だから、で説明を展開するように投げかけるといいでしょう。
多くの子は、**最初に「まず」と話し出すと不思議とその先の言葉が続きます。**

花　なるほど、最後の**「だから」で締めると、「結局、言いたいことって何なの？」も防げそうな気がします。**

ふっくん先生　もちろん、型にはめることがねらいなのではなく、**むしろ「まつだくん」をいつかは卒業して自由に話せることがねらい**です。ですから、**「まつだくん」に捕らわれない子が出てきたら、激賞するといい**でしょう。では、次にいきましょう！

花　今回は数が勝負ですからね。とりあえずメモして後でもう一度考えてみます。**「飽きたら、立ち歩かせる」「説明は、まつだくん」**っと。
では次です。図工の授業とかで作品を作る時がありますよね、その時に**友だちの作品を真似してしまう子がいる**んです。どうしたらいいですか。

ふっくん先生　そうですね、私は、**最初の段階では真似をしてもいいと思っています。**以上。

花　いやいや、待ってください！　これはさすがにもう少し聞いていいですか？

ふっくん先生　まず、何も思いつかないで時間を過ごすよりは、真似をしてそれこそ、この指導技術のようにストックを増やすことがいいと思います。**オリジナルと言われるものも、今まであるものを合わせたり、変化を加えたりしているものが多い**と感じます。ただ、**真似を容認するには条件が三つ**あります。**「あなたの作品が素敵だから真似をさせて」と言うこと、オリジナルが誰かを明らかにして教師はそれを認めること、時間の半分はまず一人で考えること**、です。

花　なるほど、**オリジナルに対する尊重は大切**ですね。それに、**真似されることが嫌だという場合には、学び合いの消しゴムを立てる、ではないけれど、言葉で言わなくても伝わる目印を示させたい**です。

ふっくん先生　なるほど、花さんナイスアイディアです！　これが正に、私のアイディアから発想を広げた、花さんの素晴らしいオリジナルということです。では、どんどんいきましょう。

花　えっへへ。国語とか算数は研究テーマになることもあるんですけど、音楽は、さっぱり自信ありません。まず**歌う時は、どんなことを意識させればいいですか。**

ふっくん先生　そうですね、まず形から入ることも重要です。その形とは、**たこ焼きほっぺ（頰を上げ、口を横に開く）、フードファイター（ハンバーガーを丸ごと食べるように。口を縦に開く）、プリキュアおめめ（プリキュアのキャラのようにパッチリ目を見開く、喉が開きやすくなる）、身長プラス1ミリ（腹式呼吸がしやすい姿勢に）です。**全部一度にやってみてください。

花　おぉ、実際、やってみると大変だけど、すごく歌いやすい形になります。どうですか、かわいいプ

リキュアになりましたか？　らんららららははーははー♬

ふっくん先生　かわいいプリキュアかどうかは分かりませんが、いい声ですね。

花　**たこ焼きほっぺは、集合写真のにっこり笑顔で撮りたい時の声かけにも使えそう**ですね。

ふっくん先生　そうですね、**たこ焼きほっぺの表情が多く見られる学級にしていきたい**ですね。

花　それが、私の目標です！　さあ、どんどん行きます。**ノートをきれいに書かせるコツ**を教えてください。

ふっくん先生　**ゆったり書く、枠の中に書く、線は定規を使う**、です。

花　ゆったり書く、をもう少し教えてください。

ふっくん先生　ノートが汚く見えてしまう子は、大抵一ページにごちゃごちゃと詰め込んでしまっています。初めのうちは、**できるだけ小まめに「ここで一行空けよう」などと指示**して、**最低でも三**

集合写真は
『たこ焼きほっぺ』でみんな笑顔

分の一は空白であるノートにしたいです。クラスには必ず上手に書ける子がいるので、授業が終わった後、一分間だけ机にノートを広げさせて**「ノート見学会」**をやったり、**上手な子のノートをコピーして掲示**したりすると一気に上手になります。

花　ノート見学会はすぐにできそうですね。

ふっくん先生　**授業の内容より「ノートを作ること」に集中してしまう子が出ますが、その辺りも必ず通る道**として話題にして、向き合わせるのが良いでしょう。

花　確かに、私もノートをゴテゴテにコーデしてました！

ふっくん先生　逆に、それに夢中になってしまい授業の課題に対して疎かになってしまう子の気持ちが分かりますね。**教師は失敗体験がメリットになる仕事**なので、これからもどんどんトライ&エラーで行きましょう！

花　勇気が出ます！　どんどん、トライを決めてやります！　ラグビーで思い出しましたが、**どうしたら足が速くなりますか？**

ふっくん先生　もう花さん自身の素朴な質問のようになっていますが、指導法ということでいいですね？　速く走るためには、**後ろの敵にエルボー（腕を直角に曲げて、真後ろに引く）、鉄板の上を走るイメージ（あちちっ、とイメージすることで足の回転が速くなる）、空き缶を潰して後ろに蹴り飛ばす（一歩の力を大きくし、歩幅を広げる）**です。

花　もう、ふっくん先生、何でも出てきますね。運動会の時期に重宝しそうな指導です。**新出漢字を教えるコツは？**

ふっくん先生　まず、常時活動で**教科書の最後の漢字がまとまっているページの読み仮名部分をひたすら音読**させます。速くはっきり読むように伝えると楽しい常時活動になります。**四月だけで、その年度に習う漢字を何度か読んだ状態にすると良い**です。こうすることで、**書く練習をする時には既に何回も見たところからのスタートになります。**

花　一つひとつやっていって、一年間かけて終わるイメージでした。

ふっくん先生　それだと、なかなか覚えきれないものが出てしまうので、**読みと書きを別に指導する**ことで、**できるだけ早く配当漢字に触れさせて、何度も復習させたい**です。

花　国語繋がりでもう一つ。**物語文と説明文の基本の形**は？

ふっくん先生　**物語文は、前話（お話の設定）、出来事の展開、クライマックス場面（登場人物が最も変容する）、後話（後日談）です。説明文は、頭括文（初めに結論）、双括文（初めと終わりに結論）、尾括文（終わりに結論）**です。これらを知っておくことは教材研究の一丁目一番地です。

花　ラスト、**算数授業を分かりやすくする魔法の言葉は？**

ふっくん先生　**「ここだけ見て」。134×5は、13を隠して4×5の状態にして「ここだけ見て」**と言って、**一つずつ簡単にした状態で計算を行っていけばほとんどの子ができるようになります。分かりやすい指導≒焦点化**、です。

花　ふー、大急ぎでしたけど、有効な必殺技を色々覚えられた気がします。

ふっくん先生　次のページにこの回で参考にした教育書を載せましたので、興味のあるところから読んでみると、どんどんストックが増えると思いますよ！

この回で参考にした教育書

・『算数のプロが教える学習指導のコツ』細水保宏著、東洋館出版社
・『算数のプロが教える授業づくりのコツ』細水保宏著、東洋館出版社
・『駆け出し教師のための鬼速成長メソッド』熱海康太著、明治図書出版社
・『即効！　明日から使える！　小学校の教育実践１００』熱海康太著、デザインエッグ社
・『授業をもっとアクティブに！　小学校音楽「常時活動」のアイディア１００』岩井智宏著、明治図書出版社
・『小学３年の担任になったら　学級づくり・授業づくり』ＴＯＳＳ中央事務局・桑原和彦編集、明治図書出版社
・『クラス全員が熱心に取り組む！　漢字指導法』土居正博著、明治図書出版社
・『教科のプロが教える授業づくりの極意』二瓶弘行他著、東洋館出版社
・『みかづき』森絵都著、集英社文庫、（小説）

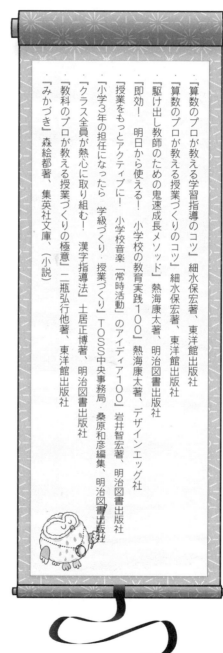

18 事務仕事が、全然、終わらないのです

ふっくん先生に教わった一つひとつの指導技術はとても刺激的でした。早く子どもたちに試してみたいですし、もっともっと多くのテクニックを知りたいです。

この前、ふっくん先生に紹介してもらった教育書も読んでみました。また、自分でお金を出して研修会に参加することもしました。どんどんと教育の世界が広がっていき、ふっくん先生に聞くのでなく、自分から学ぶことができているような気がしています。

とても忙しく、それでも充実した日々で、ふっくん先生とお話しする時間は少なくなっています。最近は、挨拶を交わすぐらいだったと思います。今日は、研修会ですごい学びがあったので、ふっくん先生に伝えたいです！

花　ふっくん先生。？？　ふっくん先生？

ふっくん先生　すーすーすー。

花　何だ、ふっくん先生寝てるんだ。

え！　ふっくん先生のお腹から下が消えてる！　ふっくん先生、ふっくん先生！　起きて！

ふっくん先生　むにゃむにゃ、やっぱり、北京ダックは北京で食べたいものですね……むにゃむにゃ。

花　ちょっと！　変な夢を見てる場合じゃないです！　起きてください！　ふっくん先生！

ふっくん先生　うん？　何ですか？　ああ、花さん、おはようございます。

花　のんびりしてないで！　ふっくん先生、身体を見てください！　身体の半分が消えちゃっています！

ふっくん先生　な、なんじゃこりゃ！

……って、いえ、実はもう薄々分かっていたんです。最近、身体が消えてはまた元に戻るということを繰り返していました。少しずつ、消える範囲が増えているようです。

花　え。全然気がつかなかった……。あの、大丈夫なんですか？

ふっくん先生　これもまた元に戻る時がきます。すぐにどうということはないですから。

花　でも、これを繰り返したら……。

ふっくん先生　そんなことより、花さん、今日も元気ですが、元気なだけではないですね、何か嬉しいことでもあったんですか？

花　何で分かるんですか？

ふっくん先生　あなたはよく表情に出る子ですからね。

花　やっぱり、ふっくん先生レベルになると、分かるんですね。あっ、身体がまた元に戻った。良かった！　実は、今日は**筑波大学附属小学校の研修会**に行ってきました。

ふっくん先生　なるほど、学びが多かったのですね。

花　有料の研修会でしたが、本当に色々なことを勉強しました。

ふっくん先生　**筑波大学附属小学校は日本の国立学校の中でも、常に先端にいる学校**です。有料の研修会は数知れずありますが、**これほど学びと刺激を得られる研修会はないと断言してもいいくらい**です。

花　**休日なのに、子どもたちとの授業の様子が観られたり、数々のワークショップでも私の知らないことばかりだったりと充実**していました。それに**全国の魅力的な先生と知り合う**こともできて、刺激的でした。

ふっくん先生　良かったですね。若い人は一度早い段階で訪れた方がいい学校だと思っています。**どんなことでも極めたいと思ったら「トップから攻める」は基本**です。

それにしても花さん、クマがひどいですが、大

極めたいと思ったら『トップから攻める』が基本です。
最先端から学びましょう

丈夫ですか？

花 クマのプーさんですか？ そのぬいぐるみなら、ふっくん先生の隣にいるじゃないですか。ついに、プーさんも動き始めましたか？

ふっくん先生 いやいや、目のクマのことです。疲れが溜まっているのではないでしょうか。

花 そうですね、色々学びたい気持ちで、沢山動き過ぎてしまったのかもしれないです。それに、**小学校の先生って結構、事務仕事がありますよね。**私、不器用なせいか、効率悪くて全然進まないのに、時計の針だけはよく進んでいくんです。

ふっくん先生 うまいこと言いますね。指導技術だけでなく、**事務仕事の効率化も教師にはとても大切なスキル**です。**事務仕事が早く終われば、その分の時間を子どもに還元できます**しね。例えば、どんな事務仕事に時間が掛かっていますか。

花 例えば、最近だったら、**集金の処理**とかですね。何かたくさんやることがあるし、お金のことだから絶対間違いがあったらいけないしで、途方に暮れていて、日は暮れていました。

ふっくん先生 うまいことを言う回じゃないですよ。なるほど、ではその集金の処理を例に、事務仕事の苦手意識をなくす方法を話していきましょう。

花 ほーほー、そんな方法まであるんですね！ 是非、教えてください。

ふっくん先生 分かりました。ここでも、まず型を伝えます。①**「今ある仕事を書き出す」**、②**「分割する」**、③**「達成感を得る」**です。一つずつ、説明していきます。

花 お願いします。くっ、ここは、うまいこと言えない……。

ふっくん先生　まず、**今ある仕事を全て、書き出してみましょう。**集金の処理以外にも、教師は様々な仕事を並行して行っていることが多いですよね。ですので、まずそれを全部書いてみましょう。

花　実際にやってみます。先日だったら、集金の処理、指導要録に印、遠足の下見手続きの書類、メール返信、事務仕事はこんなところですね。あと、事務仕事ではないですが、教材研究と学級通信もその日までに書かなければいけませんでした。

ふっくん先生　そうですね、**事務仕事に限らず、とにかくやらなければならないことを全て書き出してみる**といいと思います。書くことで何か感じたことはありますか？

花　一番は、**安心を感じました。**

ふっくん先生　そうなんです、**一体、自分がいくつ仕事を抱えているのかがよく分からない状態は不安**です。その気持ちで仕事をしてしまうと、一つの作業に集中できなかったり、一つが終わっても達成感を感じることができなかったりします。

花　これだけでも、**かなり解放された気持ち**になりました。

ふっくん先生　次は、この書いたものを分割します。今のままでは、どのくらいの仕事量であるのかまだはっきりとしていません。

花　どのように分割すればいいんですか？

ふっくん先生　**十五分の作業ごとに分割**します。例えば、集金の処理であれば、①**「袋からお金を出して金種ごとにまとめる。名簿にチェックする」**、②**「金額を集計し、袋に印を押す」**でしょうか。

花　なるほど、行う仕事によって、数が違うので、仕事量が見えてくるんですね。でも、何で十五分なんですか？

ふっくん先生　あまり分割しすぎても煩雑ですし、**十五分パーツにしておくと隙間時間に処理がしやすい**ように感じます。

花　確かにそうだと思います。これで、今持っている仕事がはっきりしました。

ふっくん先生　多くの難しい場面では分割をして考えることが重要です。**近代哲学の祖であるデカルトは「困難は分割せよ」という名言を残しています。**例えば、**教材研究であれば、導入、展開、終末、と三分割**したり、**生活指導であれば気持ちの受容、言葉かけ、最初のステップの示唆などに分けたり**とあらゆることに、転用が可能です。

花　おいしそうなロールケーキを切ると一瞬で食べたくなるのに似ていますね。

ふっくん先生　例えが独特過ぎて、うまいのかどうかもよく分からないです。とにかく、十五分ごとに分けたリストは、**少し大きめの紙に書いて机に貼っておく**と良いです。

花　パソコンなどのデータでもいいですか？

ふっくん先生　あまりお勧めはしません。**③の達成感を得るの部分では、書いたものを十五分パーツで終わったら二重線で消す**ということをします。ここで、実感を持って、**インクを使ってしっかり二重線を書くことで、少しずつでも仕事が進んでいるのだという達成感を肌で感じることができる**のです。もちろん、ＩＴ世代の皆さんはＰＣ上でも達成感を十分感じるというのであれば、それでも構わないです。

花　私はやっぱり、紙派です。紙と言えば、学校で溢れかえる紙の扱いも難しいです。

ふっくん先生　**自分の分掌や校内研究、クラスのことなどはそれぞれファイルを作った方がいい**でしょう。ただ、あまりファイルを増やすと逆にどこにあるのか分からなくなります。ですので、**ファイルは最低限にして、後は、紙が来た順番に印刷用紙の入っていた段ボールに重ねていくだけ**です。

花　**印刷用紙の段ボールなら、横から空くようになっている**し、ただ順番に入れるだけなら気楽です。

ふっくん先生　必要になった時にはだいたい時期で検索できます。**一年間経って触っていないものは必要ない紙なので、処分してしまって構わない**です。

花　これで、紙々からの戦いからも解放されそうです。

って、ええ！　ふっくん先生、また消えてます……。

ふっくん先生　今度は身体の三分の二以上かもしれません。全て消えたら、成仏ということでしょう。

花　そんな！　なんで！

ふっくん先生　分かったのです。花さんに私の持っている知識を全て伝えるのではなく、花さんが教師として「自分の足で立つ」ことで、私は消えているようです。

花　私、まだまだです！

ふっくん先生　でも、花さんは確実に自分の力で、教育への考え方を広げていけるようになりました。私は、涙が出るほど嬉しいです。

花　ふっくん先生……。

☞仕事効率化のポイント

・抱えている仕事をクリアするには、**「今ある仕事を書き出す」「分割する」「達成感を得る」**。

・書き出し、**十五分パーツに分け**、二重線で消す。

・紙は、ファイルのもの以外は、段ボールに**順番に入れるだけ**。

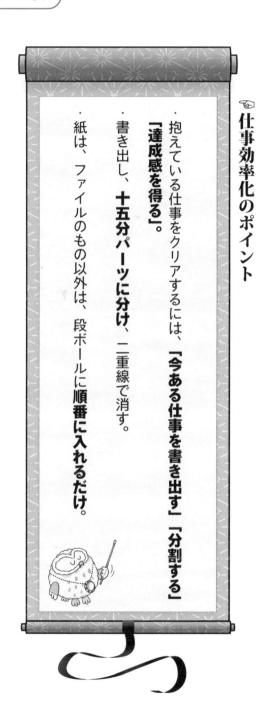

19 どうしても、どうしても、苦手な人がいるんです

花　……。

ふっくん先生　今日は、早かったですね。

花　……そうですね。

ふっくん先生　どうしましたか、あまり元気がないような気がします。

花　……元気がなかったらダメですか？

ふっくん先生　花さんらしくない返答ですね。心配です。

花　私、教育について知って、色々と学校の外にも出かけて、クラスの子どもたちともうまくいくようになってきたんです。でも、同僚の先生とは色々うまくいかなくて……。

ふっくん先生　それで落ち込んでいたんですね。花さんは、多くの人と仲良くしたい気持ちが強いですから、それは辛かったでしょう。

花　ううう、そうなんです。それに、ふっくん先生とも、もう少しで、さようならしなくちゃいけないみたいで、もうどうしたらいいか。

ふっくん先生　それは、大丈夫です。この前も言いましたが、花さんは教師として自立する力がついてきています。だからこそ、もう私を頼らず、むしろ私がいないことで、次のステージに行けるのでは

ないでしょうか。

花　……無理です。

ふっくん先生　花さんは「型」を知れば、それをどんどん自分の形にしていくことができます。その様子を、今までずっと見てきましたよ。

花　でも、**色々頑張っても、こうやってうまくいかないことは、いつも出てくる**じゃないですか。もう疲れました。

ふっくん先生　それは、どんな場合でもそうです。むしろ、花さんが**先に進んでいるからこそ、次のステージが出現してくる**、と考えることはできませんか。

花　……できないです。私は、一人で頑張ることはできないんです。最近だって、ふっくん先生と話すことは少なくなっていたけど、ふっくん先生がいるから安心して頑張れたんだと思います。

ふっくん先生　そう思ってくれていたのはとても有難いですし、嬉しいです。でも、これからはさらにその先に進んでほしいと思っているんです。

花　嫌です。ふっくん先生にずっと一緒にいてもらうんです。一緒じゃなきゃ無理です。

ふっくん先生　花さん、教師は**指導技術と共に人間性が両輪で必要**です。ここからは、更にその人間性も高める時期です。私もそんなことを意識して教師を続けてきました。

花　それは、ふっくん先生だからです！　伝説の教師のフクザワソウセキ先生だからです。元々、教師の才能がある人じゃなきゃ、こんなに素敵な先生にはなれないんです。私なんて、何の才能もないもん！

ふっくん先生　……花さん。

花　結局、私、ふっくん先生みたいにはなれないんです。不器用だし、すごくマイナスに考えちゃう時あるし。伝説の教師とは、色々違うんです。

ふっくん先生　……花さん、これは黙っておこうと思っていたんですが。

花　何ですか。

ふっくん先生　実は、私はフクザワソウセキ先生では、ないんです。

花　え。

ふっくん先生　私のペンダントを空けてくれませんか。

花　……ふっくん先生の胸のペンダントですか？　分かりました。

ふっくん先生　そこに写真が入っているはずです。

花　この写真ですね、フクザワソウセキ先生が写っている。

ふっくん先生　他に、写っている人はいませんか。

花　お母さんと、お父さんです。お母さんは今も一緒に住んでいます。お父さんは、数年前に亡くなってしまいました……。え……。

ふっくん先生　そうです、私はフクザワソウセキ先生ではなくて、花さんの……花の父親です。

花　え、嘘。何で……。

ふっくん先生　私は、尊敬できる父親ではなかっただろうからね。病気がちだったし、花からは、弱々しい姿で映っていただろうね。だから、私の師であるフクザワソウセキ先生のお名前を大変失礼ながらもお借りして、花に教師としてのメソッドを伝えてきたんだよ。そうすれば説得力があるだろう。幸い、私なりにフクザワ先生の考えに必死についていき、少しくらいは、技術はつけた気でいたしね。さすがに、普段までフクザワ先生と呼ばれるのは忍びないので、ふっくん先生と呼んでもらっていたけれど。

花　本当にお父さんなの？

ふっくん先生　花は小さい時から活発で、転んでも全然泣かない子だったね。嫌なことがあると泣いて怒っていたけど、すぐに笑顔にも戻れる子だった。怒った時に「もう！　お父さん、大嫌い！」と言った後、お母さんに叱られて、悪いと思ったのか「もう！　お父さん、大好き！」と言い直していた時はみんなで笑ったよ。

花　そんなエピソードをお母さんも言ってた……。

ふっくん先生　自分で言い出したら聞かないところもあるけど、自分で決めたことはちゃんとできる子だった。小さくてもやると決めたら、着替えも、お片付けもちゃんとやる子だった。だから今回も、この先もずっと、大丈夫だと思っているよ。

花　まだ、信じられないけど……。

ふっくん先生　あっ、お母さんもこのことは知っているよ、花が研修会などで頑張っている時は、ぬいぐるみの姿ではあるけど、お父さんはお母さんとたくさん話をすることができたから幸せだったよ。後で、お母さんにも聞いてごらん。

花　え！　お母さんも知ってるの！

ふっくん先生　「まあ、あなたならこんなこともあるでしょう」と、すぐに受け入れてくれたよ。

花　そ、そうなんだ……。

ふっくん先生　ところで、人間関係についての悩みだよね。とにかく、そっちを話していこう。

花　う、うん。じゃあ、とりあえずは、そうする。

ふっくん先生　さすがは、お父さんとお母さんの子だ。切り替えが速い。さて、花は、同僚とうまくいかないとは言っていたけれど、保護者の皆さんとはうまくやっていけているのかな。

花　うん、そうだね。特に関係が悪い人はいないかな。

ふっくん先生　そうか、良かった。じゃあ、それを継続しつつ、保護者の方と更に関係を深めるきっかけになる二つのテクニックを教えておこう。一つは**「名前を呼ぶこと」。**保護者会の時などは**なるべく全体の前でも「〇〇さんが言ってくださったように」「〇〇さんが今、すごく主体的に参加**

しっかりと話を聞いてくれる人には，心を開きやすい

していただいているように」など、**名前を呼ぶことで相手は特別感を感じる**よ。このテクニックなら、**他の保護者に「○○さんだけ、贔屓している」などと言われる心配もない。**

花　これは子どもたちにも、あと、そうか同僚の先生にも使えそうだね。二つ目は何かな？

ふっくん先生　**「あなたの話がもっと聴きたい！」と伝える**こと。どうしても、教師は自分から伝える部分に一生懸命になってしまうけど、**多くの人は「ちゃんと、聴いてもらえた」ということに満足感を覚える**もの。子どもと仲良くなるためにも大事なことだよ。

花　そっか、二つ目も同僚の先生との関係で重要な考え方かも。実は、同僚の先生って言っても、年上の先生へのコミュニケーションで困ってるんだ。

ふっくん先生　例えば、どんなことで？

花　学年での行事の指導の時に、私はその必要は感じないけど「子どもたちに『やる気がないなら、もうやめろ！』と指導してほしい。普段ガミガミ言っていない花先生が言ったら効果的でしょう」とか言われて、困っちゃう。

ふっくん先生　そういう場合は**「趣旨だけ受け取る」がいい**かもしれないね。

花　「趣旨だけ受け取る」って？

ふっくん先生　**「やる気の低い子たちに、やる気を与えてね」という趣旨だと、勝手に解釈したことにすればいい。**だから、花なりの「子どもたちのやる気を喚起するような声掛け」をすればいいということだよ。

後で、「『やる気がないなら、もうやめろ！』と言わなかったじゃん！！」となったら、**「申し訳あ**

りません。そういう趣旨で、ということかと思っていました。やる気の低い子には○○と○○という声かけで一定の刺激は与えたとは思いますが、受け取り方を誤りました。すみません」という内容を、丁寧に謙虚な感じで話すと良いかな。それでも、「ガツンと言わなきゃ、ダメなんだよ！」となるかもしれない。そんな時には**「なかなか、強く言えなくて、申し訳ないです。実力不足で申し訳ないですが、頼りにさせていただいています。自分なりに○○先生のニュアンスに近づけるように頑張ります。これからもどうぞ宜しくお願いします」と笑顔で話せばいい。**

花　少し下手に出ると言うか……。

ふっくん先生　うん、まあ、下手というよりは、**「謙虚な、愛すべき、爽やかなできない奴（天然）」というイメージを与えればいい。**実際の**「できる」「できない」は、自分で決めればいい**話だしね。真の目的のためには、小さなプライドを捨てることのメリットは大きいんじゃないかな。

花　そっか、そこまでやるとすごく計算高い気はしちゃうけど、それくらいの気持ちでもいいということだよね。

ふっくん先生　そうだね。でも、それだけで割り切れないことはあるし、当然、会うだけでもうお互いが嫌な気持ちになるような人がいないということもない。

花　うん。本当にそう。

ふっくん先生　そういう時はやはり、お互いのため、距離を取る必要がある。**物理的に離れるのが一番**だけど、そうできない時は、**心の距離は保って本音でない部分で接することが多くなっても、自分の心を守るためには仕方がない**と思う。

花　そうだよね。でも、そうしてしまう自分に罪悪感もあって、それも結構辛いんだよね。

ふっくん先生　罪悪感を取れるかどうかは、分からないけれど、どんなに合わない人にでも、毎日することのできるプレゼントはあるよ。

花　プレゼント？

ふっくん先生　それは、**爽やかで誠実な挨拶**だよ。私は、どんなに合わない人とでも、挨拶だけは誠実に爽やかにしよう、と決めていたよ。**「おはようございます」「お疲れ様です」これだけはどんなに相手が嫌いでもできること**だと思う。

花　そうか、挨拶だけ、って思えば気が楽だし、相手との繋がりを全部無くしているわけじゃないし。うん、この考えで言ってみる！

ふっくん先生　良かった！　表情が明るくなった。

花　うん、ありがとう！

ふっくん先生　私が、フクザワソウセキ先生じゃなくて、本当に悪かった。嘘をついて花をだましていたことを謝るよ。

花　ううん、私はふっくん先生が、お父さんで良かった。

ふっくん先生　どうして？

花　だって、フクザワソウセキ先生じゃなくたって、お父さんみたいに努力すれば、普通の人だって素敵な先生になれるって分かったから。お父さんは、フクザワソウセキ先生とか筑波大学附属小学校の先生みたいにカリスマ先生じゃないけど、今まで聴いた話は全部素敵だった。

ふっくん先生　そう言ってくれて、嬉しいよ。

花　あと、お父さんを弱々しいと思ったことはないよ。ずっと、優しかったお父さんが、今でもずっと大好きだよ。

ふっくん先生　花……。

花　もう少しでお別れかもしれないのは、すごく寂しい。もっと、お父さんとして話したかったよ。でも、ふっくん先生がお父さんだって分かって、今日のお父さんの話も聞いて、私はきっと、ちゃんと頑張れると思う。

　でも、そうしたら、お父さんは本当に消えちゃうんだよね。

ふっくん先生　うん、花やお母さんの姿が見えなくなるのは、本当に寂しいけどね。でも、そうだとしても、花が自立した素敵な教師になって、毎日を豊かに過ごせている方が百倍いい。

花　……お父さん。

ふっくん先生　……少しは笑顔になれそうかい？

花　うん、それはもう大丈夫！

　ねえ、明日帰ってきたら、勝手に消えちゃってるなんて、無しだよ。

ふっくん先生　ちゃんと別れる時には家族にお別れを言ってから、と教育の神様と約束を交わしたから心配しないで。

花　教育の神様!?　誰!?　まあ、いいや、安心したよ！

ふっくん先生　花、明日も元気に、子どもたちと過ごしておいで。

より良い人間関係のために

- 相手の**名前を多く呼ぶ**ことを意識する。
- 相手の**話をしっかりと聴こうとする。**
- 挨拶は、どんなに**関係の悪い人にでも届けることのできるプレゼント。**

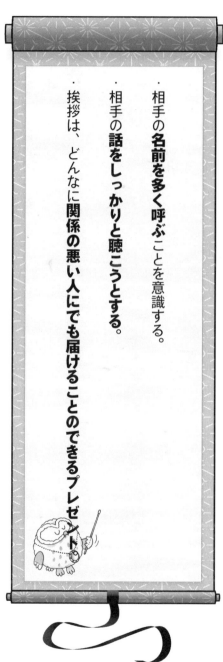

20 教師として、人間として、もっと大きくなりたい

花　ただいま！　良かった、まだちゃんといる！

ふっくん先生　おかえり、じゃあ、最後の話をしよう。

花　最後⁉

ふっくん先生　これを見てごらん。

花　お父さんの身体が……。全体が透明になってく、そんな……。

ふっくん先生　おそらく、これが最後だ。もうそんなに語る必要もないけれど、でも、まだ最後の時間が残されているということは、意味があるのかもしれない。

花　え、本当に最後……。とりあえず、お母さん呼んでくる！

ふっくん先生　いや、お母さんとはもうさっき話をしたよ。「最後に、花に、あなたが伝えたいことをしっかり伝えてあげて」とのこと。

花　何かさっぱりしてるんだか、何だかよく分からない夫婦！

ふっくん先生　まあ、母さんのことは悪く言わないでおくれ。

花　いや、悪く言ってないし、お父さんもどっちもどっちだし！　いや、そんなツッコミを入れている場合じゃない。えっと、最後の話をしてくれるんだよね。

ふっくん先生　さすが、我が娘、切り替えが速い。最後に聞きたいことはないかな？
花　え、最後は感動のメッセージとかじゃないの？
ふっくん先生　それでもいいんだけど、やっぱり花には花の段階があると思う。**どんなに素晴らしい研修会に出ても、今、必要としているものに重なっていない内容では学びは薄い**と思っているよ。だから、花のリクエストを聞いて、話が出来ればいいと思っているんだ。
花　なるほど、確かにね。逆に言うなら、研修会なんかに出る時には、**学びが自分のどこに関係していて、新しい学びの中でまず使えそうなものはどこかって具体的に想像することが大切**ってことね。
ふっくん先生　さすがは、親子！　以心伝心だね。
花　最後に聞きたいことか。……そうだな、教師っていうのは、**指導技術と人間性を合わせた力が大切**って話だったよね。その指導技術と人間性を高めるためには、これからまずどんなことをやっていけばいいのか教えてほしい。
ふっくん先生　うん、分かった。じゃあ、まずは指導技術だけど、花はこの先生みたいになりたいっと憧れている人は、いるかな？
花　この前に見てきた筑波大学附属小学校の先生とか、今勤めてる学校でも指導が素敵な先生はいるなぁ。後は、直接は指導を見たことがないけどお父さん！
ふっくん先生　おー、我が娘よ！
花　おー、我がお父さんよ！
ふっくん先生　まず、**この人みたいになりたい、という先生を見つけることから始める**のだけど、花は何人か考えられる人がいるようだね。そうしたら、その人たちの**授業や指導の音声、できれば映像を入手しよう。**

花　うーん、映像かぁ。

ふっくん先生　**筑波大学附属小学校の先生なら、研修会の時に授業などのＤＶＤが売り出されていることがある**よ。同じ学校の先生なら、仲良くなれば、映像を撮らせてくれるかもしれない。ちなみにお父さんの授業や指導の映像はその押し入れに入っています！

花　え、観てみたい！　でも、どんなことに気をつけて観ればいいのかな。

ふっくん先生　簡単に言うと、**その人を憑依させるように観るといい。**

花　えっと、お父さんがふくろうから私に憑依!?

ふっくん先生　あっ、ごめん。ここは特殊なので、一旦置いておいて。**その人をそっくりそのまま真似てみる**ということだよ。**喋り方や雰囲気などをできるだけ同じにしてみる**ということ。

花　そうすると何がいいの？

ふっくん先生　まず、**上手な話し方、声の質、間などを取得できる。一番は、真似をしていると初見では気がつかなかったその先生のねらいにどんどん気がつくことができる。**

花　雰囲気を真似るのはなかなか難しいよね。

ふっくん先生　私の場合は、まず**服装や髪型を真似してみた**よ。

花　え、そこまで！

ふっくん先生　**服装や髪型はその人のアイデンティティを表しているもの**だからね。そうすることで、その先生の教師としてのスタイルも見えてくる。

花　そうなんだね、確かに内面に迫ることも大切な気がするけど。

ふっくん先生　ここまでに何度か話してきてはいるけど、**大切なのはあくまで実際に動くこと**なんだ。**その先生を憑依させるように子どもに指導することがまずは実践の入り口**になるよ。

花　なるほど、「すごい！」だけで終わるんじゃなくて、**そこに近づく一歩目として動き出すということ**か。ファッションとかもそういう意味もあるのか。

映っている授業をそのままやるのは難しいけど、まず喋り方や雰囲気からなら入っていけそう。

ふっくん先生　私は通勤の最中に尊敬する先生、フクザワソウセキ先生の**授業の音声をいつも聞いていたよ**。そして、学校に着いたらフクザワ先生に**なりきって授業をする。**帰りは、今度は**自分の授業の音声を聞いて**帰る。

花　自分の授業の音声かぁ、何か嫌だな。

ふっくん先生　今は、**映像もタブレット一つで気軽に撮れる時代**だよね、恥ずかしいかもしれないけど、授業の映像を撮って見返すことも**授業力のアップにはとても有効**だよ。**音声なら、更に簡単に録音できる**よね。

花　やっぱり恥ずかしいなぁ。

ふっくん先生　大丈夫、**三回で慣れる**よ。

花　そうか、やっぱりどんなことでも慣れ、だね。

ふっくん先生　というわけで、**指導力アップには、尊敬する先生の映像音声を入手し憑依させること、**そして、**自分の授業の姿を映像で撮って観てみるのもいい**と思うよ。**子どもの撮影などについては管理職の先生などに事前に確認をした方がいい**ね。

花　うん、分かった。とにかく、まずはやってみる！
　後は、人間性……これ難しそうで。

ふっくん先生　テクニックの部分と、考え方の部分がある。人間性を備えるために、より多角的な見方のできるテクニックから触れていこう。

花　**人間性って、テクニックなの？**

ふっくん先生　物事の一方向からではなく、より様々に世の中を見ている人の方が考えの選択肢も増えるし、多くの立場の人と寄り添うことができるよね。それにはコツがあるんだ。まあ、**言い換えたら頭のいい人の頭の使い方のテクニック**とも言えるかもしれない。

花　それを知れば頭が良くなっちゃうかもしれないってこと!?　知りたい！

ふっくん先生　**具体と抽象、メリットとデメリット、客観と主観、これらを行き来すること**だよ。

花　ええっと……。

ふっくん先生　これらは説明をすると余計に煩雑になるから、口ぐせにするといい言葉を伝えておくよ。**具体と抽象→「例えば」「まとめると」。メリットとデメリット→「だからこそ」「裏を返せば」。客観と主観→「○○の資料では」「私の考えでは」。これらの言葉を使うことで、それぞれの行き来が可能になる。**

花　なるほど、**「例えば」って言えば具体例を言うはず**だし、**「まとめると」では逆に具体を集めて抽象化する。「だからこそ」「裏を返せば」でメリットとデメリットの逆の部分に注目できる。客観と主観では、自分の言葉が何を参照しているのか明らかにしている**んだ。

ふっくん先生　うん、まあ、**難しく考えずに、これらの言葉を気軽に使ってみる**と、まずは自分自身の思考が整理されることに気がつくはずだよ。そうすることで、**広く物事が考えられるようになり、豊かな人間性を入れる器が作られていく。**

花　これもまずは使ってみるね。
　人間性を備えるための考え方っていうのは？

ふっくん先生　多くの考え方があるけど、私は**「白黒つけないこと」**だと思っている。

花　白黒つけない？

ふっくん先生　**「嫌い。正しくない。黒だ。」と決めるとそのことの全ての可能性を奪ってしまう。逆に「全て最高。間違いない。白だ」だと適切な批判力が発揮できない。どんな出来事にも、メリットやデメリットは必ずあるはずで、それらを感情という圧力に負けずに判断していく**ことの積み重ねが豊かな人間性に繋がると思っているよ。**冷静に物事を見たいなら、白黒に振り切って考えない**ことが重要だね。

花　うーん、深い。でも、ちょっと待って。振りきって考えないなら、**何かを「大好き」って言ってはいけないの？**

ふっくん先生　いや、そうじゃない。むしろ、**人間の幸せは無分別な部分からも多く生まれている**、例えば「世界で一番愛しているよ」という言葉は、よくよく考えたら全く根拠がないけれど、それを言っている人も言われている人も幸せだと思う。

だから**人生の節目節目ではこのように無分別な部分が大切**なんだ、だからこそ、普段はその逆で、しっかりと冷静な判断ができる癖をつけておき、**ここぞというシーンでこそ、振り切る！**　これが私の思う豊かな人間性だよ。花はどう思う？

花　ええっと、私は……。

え！　お父さん！

ふっくん先生　身体の全部が光り始めたね。今までとは違う様子だ。花、いよいよ、お別れだね。

花　そんな！　せっかくお父さんだと思って、話せたのに！　やっぱりまだ別れたくないよ！

ふっくん先生　もともと私は、ここにいてはいけないのだよ。こうやって助言をすることも良かったのかどうか……。でも、私の話に付き合ってくれて、嬉しかった。フクザワ先生の名前を借りたとはいえ、花と教育の話がたくさんできて幸せだった。

花。花は、必ず幸せになれる。教師としても、人間としても。うまくいかなくても、失敗しても、本当に最低だと思える日が来てもいいんだ。それが生きるということだよ。

自分を信じて、笑顔で真っすぐに生きていきなさい。

花　……お父さん、本当にありがとう。お父さんのことが大好きだよ。私これからもっと頑張るから！

ふっくん先生　頑張り過ぎに注意だよ。よく寝て、教育以外の世界にも多く触れるように。私はいなくなっても、違う形で、必ず花のそばにいるから。

花　お父さん……。
ふっくん先生　では、またどこかで。
世界で一番愛しているよ、花。
花　お父さん！　お父さん！

ふくろうのぬいぐるみは、眩しい光に包まれました。すぐにその光は無くなって、残されたのは、本当のふくろうのぬいぐるみだけでした。

これで、私とふくろうのぬいぐるみのお話は、おしまいです。でも、私は、ここからがスタートだと思っています。お父さんのような教師を目指して、頑張っていきます。

私は、いまだに教師の才能があるとは思えないです。でも、もうそんなことはどうでもいいです。どんな人でも、**ちょっとした考え方のコツを掴めば、子どもたちを成長させ、子どもたちと幸せな時間を過ごすことができる**んだって、今なら思えます。

これを読んでいるあなたも、ほんの少しでも、同じように思ってくれていたら、嬉しいです。明日から、また一緒に頑張っていこうね！

更に成長するため

・尊敬する先生を見つけ、**憑依させるように真似る。**

・**自分の授業を映像で撮って見る**と、授業力が飛躍的にアップする。

・賢い人の口ぐせ**「例えば」「まとめると」**、**「だからこそ」「裏を返せば」**、**「○○の資料では」「私の考えでは」**。

・普段は**白黒つけず**冷静な視点を持ち、人生の**節目では強く振り切る**

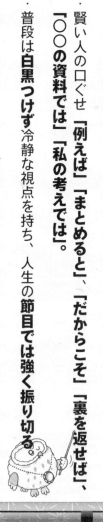

参考文献

・『嫌われる勇気』岸見一郎・古賀史健著、ダイヤモンド社
・『菊池省三の学級づくり方程式』菊池省三著、関原美和子構成、小学館
・『体育における「学び合い」の理論と実践』梅澤秋久著、大修館書店
・『算数の授業がもっとうまくなる50の技』尾﨑正彦著、東洋館出版社
・『週イチでできる！　アクティブ・ラーニングの始め方』西川純著、東洋館出版社
・『算数のプロが教える学習指導のコツ』細水保宏著、東洋館出版社
・『算数のプロが教える授業づくりのコツ』細水保宏著、東洋館出版社
・『駆け出し教師のための鬼速成長メソッド』熱海康太著、明治図書出版
・『即効！　明日から使える！　小学校の教育実践100』熱海康太著、デザインエッグ社
・『授業をもっとアクティブに！　小学校音楽「常時活動」のアイディア100』岩井智宏著、明治図書出版
・『小学3年の担任になったら　学級づくり・授業づくり』TOSS中央事務局・桑原和彦編集、明治図書出版
・『クラス全員が熱心に取り組む！　漢字指導法』土居正博著、明治図書出版
・『教科のプロが教える授業づくりの極意』二瓶弘行他著、東洋館出版社
・『みかづき』森絵都著、集英社文庫、（小説）
・『教職1年目の即戦力化大全』教師の働き方研究会編、明治図書出版

著者紹介

熱海康太

　公立小学校を経て，私立小学校に勤務。

　著書に，『6つの声を意識した声かけ50』（東洋館出版社），『駆け出し教師のための鬼速成長メソッド』（明治図書出版）など多数。

　教員以外にも，Fリーグ（日本フットボールリーグ）チーム「フウガドールすみだ」で小説の連載を持ったり，小説を刊行したりするなど，パラレルキャリアを形成している。

＊イラスト・伊東美貴

学級経営《がっきゅうけいえい》と授業《じゅぎょう》で大切《たいせつ》なことは，
ふくろうのぬいぐるみが教《おし》えてくれた

2021年6月1日　初版発行

著　者	熱《あつ》 海《み》 康《こう》 太《た》
発行者	武 馬 久 仁 裕
印　刷	株式会社太洋社
製　本	株式会社太洋社

発　行　所　　株式会社　黎《れい》 明《めい》 書《しょ》 房《ぼう》

〒460-0002　名古屋市中区丸の内3-6-27　EBSビル
☎052-962-3045　FAX 052-951-9065　振替・00880-1-59001
〒101-0047　東京連絡所・千代田区内神田1-4-9　松苗ビル4階
☎03-3268-3470

ISBN978-4-654-02354-7